U0071589

思想觀念的帶動者

文化現象的觀察者

本土經驗的整理者

生命故事的關懷者

心靈工坊 PsyGarden

Caring

生命長河，如夢如風

猶如一段逆向的歷程

一個掙扎的故事，一種反差的存在

留下探索的紀錄與軌跡

醫

DOCTOR

王竹語⊙著

生

目錄

【推薦序】

多做一點什麼

和信治癌中心醫院醫學教育講座教授、神經學主治醫師

賴其萬

與溫碧謙醫師認識已經很久，大概是快三十年前，溫醫師還在愛荷華大學醫學院服務，我還在堪薩斯大學醫學院服務時，兩人在中西部台灣同鄉會見了面，就此一見如故。我一九九八年回國後，積極勸他也回國一起在慈濟醫學院服務，想不到在他來花蓮參訪慈濟兩次的談話中，他才告訴我幾年前他孩子「昱和」過世的悲痛回憶。後來因爲種種考量，溫醫師終於選擇暫時不回台共襄盛舉，我們仍經常保持聯繫。

想不到過了幾年，他們夫妻倆毅然將他們過去所收集的昱和成長過程所留

下來的錄影帶，交給一位甚有才氣的來自台灣的年輕導演朋友，穿插一位與他自己的孩子差不多一樣歲數的癌症末期病人的故事，拍成了一部令人感動的「醫生」。當我有幸能在上市之前在和信醫院看到這部電影時，我一方面被電影的情節所感動，一方面我也為他們終於能夠走出傷痛的幽谷而高興。

這本書即以「昱和」的不尋常的早熟心理與其最後的悲劇下場做為本書的開場「傷逝」，而後的每一章都是溫醫師與病人及家屬溫馨互動的故事，他誠懇地與病人、家屬交換意見，主動與他們談一些感情上的問題，而處處將心比心地為病人服務，有時甚至還會以自己長年的興趣與經驗，推薦氣功、打坐等「另類療法」。

這本書裡的字裡行間都會讓你感受到，溫醫師除了在面對病人的老、病、死感到無奈以外，他還有一份想要替病人多做一點什麼的那份誠心，他會設身處地地嘗試了解病人的處境，並尊重他們的想法，以找出他們對事情的看法與價值觀。他從自己喪子的經驗，體會到病人家屬的痛苦，而推己及人地關愛病人與其家屬。最令我感動的是本書的最後一段，他說在病人過世以後與家屬的互動中，他都用這種心情跟家屬們解釋：「是的，他（她）永遠在那裡，永遠在我們的心中。」

這樣有愛心的好醫師正是今天台灣最歡迎的，希望不久的將來，我們可以看到這隻鮭魚的回鄉，參加目前各醫學院正在積極推動的醫學人文教育。

【自序】

緣起緣滅

溫碧謙

人生的際遇難料，緣分無時，難以強求，緣分來時，難以阻擋。一九八二年出國，希望能在內科深造。陰錯陽差，或說是因緣際會，在許多貴人相助之下，以一種「隨緣／不強求」的心情，進入了放射腫瘤科的領域，沒想到竟然誤打誤中地深深愛上這一專科。一九九六年，在我事業最高峰，準備教授升等時，兒子昱和猝死，離開人世。生命中，你會碰到什麼事，總是難以逆料。

放射腫瘤科醫師在醫師群中扮演著特殊的角色，他的病人大多是帶著癌症的診斷來到門診，除了在扮演醫師諮商的角色外，很多時候是在為病患決定治療的方向以及放射治療的內容，他和病人的醫病關係與其他腫瘤科醫師一樣——

「治療結束」並不表示醫病關係的結束。治療結束是長期追蹤及最終驗收治療結果的開始。所以治療是否成功或失敗，起初不得而知，只能以「盡人事，知天命」的心情來看待，多多禱告。

癌症的診斷迫使一個人必須面對所謂佛學人生七苦（生、老、病、死、愛別離、怨憎會、求不得）中，除了「生」與「怨憎會」以外的五種苦楚。人會老，治療本身，尤其是化療與放療，使人老化得更快。癌症本身是大病，治療所帶來的副作用及併發症是另外一種病痛。癌症的診斷迫使一個人面對死亡的威脅，而很多時候，癌症帶來死亡。死亡本身有時並不那麼可怕，其可怕在於死亡前的痛苦，及其所帶來人世間最難的親情的割捨，即所謂的「愛別離」苦。癌症的診斷很多時候帶來的是理想的幻滅，欲求的中止，即所謂的「求不得」苦。因此，癌症的診斷與治療所帶來的痛苦，乃集「苦」之大成。

面對如此大的苦難，如何幫助病人度過此劫，乃是醫生很重要的課題。佛學中《三十七道品》的「六度萬行」提供了一個很好的法門。除了持戒以外，布施、容忍、精進、禪定、智慧等都可以用來幫病人度化痛苦的心靈。病人絕望時，藉由去想或做一些可以讓周遭的親人愉快的事情，來重新找到生命的力量，這是一種布施。我們活著因爲有愛，有愛所以能捨，能捨所以能給，能給是一種自我的肯定，是一種生命力量的表現。所以布施的效果是不可輕忽的，其他如容忍或忍耐，用來對治因治療所帶來的痛苦；精進，鼓勵病人勇敢地去面對不可知的未來；禪定，使人心性平穩，化解心中的紛擾；智慧，使人對未來的種種，包括各種治療法能做最好的選擇。所以站在醫生的角度來看，癌病的治療，雖是最重要，也只不過是幫病患度過苦難的其中一環而已。

醫學雖進步，仍然有它的極限，醫師是人，面對不斷復發的癌症，也有技窮的時候。什麼時候要老實地告訴病人「治療，比不治療還要痛苦」，對醫師是一種考驗。三十年前在林口長庚醫院實習時，吳德郎教授的一句話，曾深深地刻印在我的腦海裡，他說：「一位最好的醫師，是知道什麼時候不去治療。」這不去治療包括了不用治療（疾病本身會自然痊癒或根本就不是病），不可治療（治療對癌症病程沒有幫助，只會帶來更大的痛苦），和無法治療（疾病超過人能力所及的限度）。要能告知病人不用治療，醫師必須對疾病有全盤的了解，而且醫學知識必須非常淵博；要能告知病人無法治療，醫師必須知道醫學的極限以及承認自己的極限，這非常不容易。

當所有的治療方法都用盡了，癌症仍在，怎麼辦？有時親人的「永不放棄」會迫使醫師使用療效極微的治療法，給病人所帶來的痛苦可能比癌症本身更是難受。這時，「與癌共生」要比「永不放棄」更能幫病人接受這「無藥可治的事實」，「與癌共生」常常迫使人重新檢視人生的意義，如何利用不多的餘生來完成人生未了之心願，變成了很重要的人生課題。本書的〈心願〉一章便是一個典型的例子。雖說是不多的餘生，卻沒有人能確切地知道其長短，若能因此而領悟「活在當下」的重要，對自己及親人，更會珍惜當下所擁有的，更能讓親情自然流露。畢竟我們每一個人都是會死的，遺留在人間的是那永無止境的愛。因爲愛，我們的生命得以永存人間。

最後，感謝所有曾經在我人生旅途上結緣的衆生，尤其是病人。按照整形科權威羅慧夫醫師的說法：「醫病關係對醫師而言，是一種 privilege（殊榮）。」感謝這些病人敞開他／她們的身與心，讓我們進入他／她們的內心世界。最後要感謝作者竹語在過去三年不斷的鼓勵，才能讓一個個病人的故事呈現在讀者的面前。

【作者序】

太陽在哪過夜？

沒有人一早起床就知道自己今天會得什麼病。我們也許痛恨命中注定，但生命中總有一些無法改變的事。我想起一位癌友跟我說：「如果死亡是人生的結局，結局就這樣提前發生了，你要我怎樣？」

直到開始療傷，人們才發覺愛有多深。

我曾問一位癌症末期病患：「你最想，現在，你最想跟你所愛的人說的一句話是什麼？」

「請保持原來那個我愛的人的樣子。」

如果你很愛笑，請繼續你的笑容，不要為我哭泣；如果你很忙，請保持忙碌，不要為我傷心；如果你很愛我，請繼續，請務必繼續你原來的樣子，每天該做什麼就去做什麼。

另一位癌症末期病患，從他知道自己得了癌症，經一連串治療到最後，一滴淚都沒掉過。有一天，一位朋友去看他，不經意說了一句：「你一定很憤怒吧？」他聽了之後大哭，彷彿要把該哭出來的淚水一次哭完，哭到幾近昏厥。

你一定很恨吧？恨老天為何這樣安排，恨為什麼是自己，恨為什麼是現在。

還有一位癌症病患，他得了癌症之後，知道家人很不捨，所以他拒絕癌症。

拒絕之後是怎樣？有人給你東西你不接收，那東西還是在對方手上。可是你得癌症你不接受，結果呢？

對不起，你還是得癌症。

夜色如謎，一聲彌陀，一心清蓮；悲憫的淚水是睫毛攔不住的風，於是有人告訴我「應無所住而生其心」。

啊！無「心」如何成「情」？無「受」如何成「愛」？舊傷未癒，新痛又來；殘愛未補，愴情猶存。痛到最痛，痛到最後，一切殘缺都包含完美，一切熱情都心灰意冷；一切瘋狂都含有純眞，一切情緣盼來生再續。如夢幻泡影，如露亦如電，生者心安，亡者靈安，一切有爲法，一切戛然而止。

然而，一首改編自歌詞的小詩還是令我再度提筆：

永遠陪著我，
我們不是這麼約定嗎？
但現在我卻獨自望著星空，
你的影子越來越模糊。

我很抱歉，
來不及告訴你，
我有多麼愛你。
將來的某一天，

我們一定會在某處再度相逢，
那時我們都會輕輕一笑。

我終於學會不再哭泣了，
你是我的天使，
在我身邊守護著，
讓我超越悲傷，
擁有嶄新的明天。

重新出發，迎接嶄新的明天，上路吧！我是一方期待你再度投影的小小水塘，不要再讓生命裡沒有陽光。帶著眼淚，無所謂，眼淚會被風乾；破碎的心，沒關係，一直走就對了。菩薩雙眉已低得不能再低，東風來過，又沒來過。這是最古典的溫柔，而且離永遠不遠了。永遠不遠，一切似乎依舊，又不依舊。有些記憶飄忽不定，有些人若即若離；有些事命中注定，有些感覺撲朔迷離。

人們總會有情，命運依然不公，世事永遠難料。夢，簡單放棄；人，難以忘記。我平靜著不平靜的情緒：誰在比鄰，誰在天涯；誰在心頭，誰在腦後。一切比喻都無法比喻，所有象徵都不足以象徵；如果你的記憶會成化石，我的笑容也會。生與死從不是人生的選擇題，得與失才是。我選擇忘掉所失，帶著所得，繼續前進。

人生就是這樣，找到答案，繼續前進。

王竹語

二〇〇九年六月二十四日，生日

當天完成一本好書給自己當禮物

1. 傷逝

因為愛，我們勉強可以承受生命中最殘忍的事。

一九八三年，美國愛荷華州，珊瑚鎮。

從台灣移民到美國的溫醫師想了幾天，也看了幾本他從台灣新竹老家帶到美國的書，終於決定把剛出生的兒子取名爲「昱和」。

「爲什麼取這個名字？」溫醫師的太太朱蒂有點疑惑。

「『昱』是陽光煦煦的樣子，『昱和』就是陽光溫和照耀，帶給大地生機，萬物生長一切和合的意思。」

昱和喜歡的事物會一直持續，不會喜新厭舊。不管是玩具、朋友，都是如此。他有一個玩具熊，是舅舅送他的，他取名爲「噗噗」。三歲的昱和每天帶著噗噗去上幼稚園，甚至長大之後，每天把噗噗放在床上，陪它睡覺。

昱和的媽媽朱蒂，非常喜歡看書。也許是遺傳自媽媽，昱和從小非常喜歡閱讀，不需要別人分神去特別照顧他。朱蒂發現，只要給昱和一本書，他會安安靜靜自己打發時間。

喜好閱讀，增強了昱和的表達能力。早熟的昱和，超乎同齡。他五歲開始學鋼琴，六歲那年，有一天朱蒂開車送他上鋼琴課。那時是春天，到處一片欣欣向榮；經過一個冬天，綠草茵茵，更添新意。快到鋼琴老師家的時候，小昱和忽然問：「媽媽，我很想知道，身爲一株小草，長在地上，是什麼感覺。」

朱蒂聽了，非常驚訝：「這是哲學家在自言自語？還是我的六歲兒子在問媽媽問題？」

昱和三年級時，對生日宴會非常期待。在美國，一般風氣是邀朋友到家裡開生日宴會，甚至可以過夜。他很早就開始計畫，還自己編劇，邀同學一起演出。走位、台詞，有模有樣；服裝、道具，自己設計。他一人身兼很多角色，其中之一是國王。皇冠、披風，連很小的配件，他都想到了。各個角色要用的東西，朱蒂開車，陪他上街，一一購買。買齊回家後，朱蒂跟他一起做皇冠，自行縫製，創意十足；上面縫一些假寶石、塑膠飾品、亮片，宛如眞品。

到了生日那天，小朋友都來了，大多是男生，共十人。宴會結束後，昱和卻有點失望。

「爲什麼覺得失望？」朱蒂問他。

他說：「這些同學不太合作，來了之後追來追去，打鬧嬉戲，完全不聽指揮，無法達到我這個導演兼主角的期待。」

朱蒂聽了，不覺莞爾，小孩子當然是跑來跑去吃點心、喝飲料，誰還演戲啊。但如此一來，讓昱和這個國王顏面盡失，威嚴蕩然無存。

昱和很有正義感，小學四年級，有一天放學，他很生氣地跟朱蒂說：「我很氣我們班的同學，他們實在太幼稚、太差勁了。」

「怎麼了？發生什麼事嗎？」

「我們班來了一個新老師，是從佛羅里達州調過來的。年紀很輕，對調皮學生的掌控度沒有資深老師那麼熟練。上課的時候，老師很賣力，底下有些小孩子就不甩她，還故意搗蛋。有時我勸他們，也不聽。我很生氣，氣那些故意搗蛋的壞小孩，我覺得老師很可憐。」

朱蒂認為昱和還會勸那些上課不聽講的同學，真的很不容易。一般小孩都裝作沒看見，認為不關自己的事，如果多管閒事，自己吃虧。而昱和講的時候，義憤填膺，有一股威嚴，讓聽者也肅然起敬，巴不得與他聯手，共同勸誡那些上課不聽話的壞學生。

除了音樂、閱讀，昱和還喜歡畫畫。他很有天分，尤其喜歡畫漫畫。畫完之後，給同學看，每每逗得同學哈哈大笑。有位美術老師，綽號 Dr. ART，是擁有藝術碩士學位的女老師，很欣賞昱和的畫。朱蒂到學校參加母姊會時，她還特地跟朱蒂說：「昱和在藝術方面，很有天分。」

昱和小學五年級時，有一天放學，跟溫醫師和朱蒂說：「你們過幾天準備要去參加一個頒獎典禮。」

「什麼頒獎典禮？」朱蒂問。

「我有一幅畫得獎，得到全愛荷華市第一名。」

溫醫師很高興：「你什麼時候參加繪畫比賽？我們都不曉得呢。」

「我自己也不太清楚。Dr. ART 今天跟我講的。她把我上課時曾畫過的一幅畫拿去參加比賽，結果得獎了。她要我回來跟你們說，準備一起去參加我的頒獎典禮。」

昱和的個性就是這樣，很謙虛，不誇耀自己，也不會做了什麼得意事，就拚命聲張，唯恐別人不知。

每年聖誕節，昱和和姊姊佳禾都會演一齣話劇，自編自導，姊弟兩一人分飾多個角色；除了演話劇、唱歌，還演奏樂器。姊弟都自小學音樂，佳禾吹長笛，昱和拉大提琴。姊弟自己設計節目，自娛娛人，表演給溫醫師和朱蒂看。這是溫醫師家的傳統年度大戲，精彩可期。家裡如有客人剛好來訪，他們對姊弟的天眞無邪，會心一笑；對節目安排用心，又稱絕妙。溫醫師家有時會招待一些台灣來的留學生，開小型的家庭式音樂演奏會。這些留學生，有一些是音樂系的，可以說是看著昱和長大。他們身在海外，偶能相聚，備覺親切。那一段時間，充滿歡笑。

從十一歲開始，昱和喜歡跟日本文化有關的東西。朱蒂認爲，那是受到她的影響。因爲她一向對日本藝術、小說、電影，滿有興趣的。昱和小學六年級時，上「創意寫作」課程。老師讓學生自由發揮。昱和自己編故事，有一大部分都是以日本人爲主角，充滿濃厚日本風。昱和對日本文化之喜愛，由此可見。

沉迷日本文化的昱和，要求溫醫師和朱蒂買短和服，一種日式輕便日常裝。在美國，日式餐館裡的服務生會穿這類有濃厚民族風的服飾，就像唐人街中國餐館服務生也穿改良式旗袍、唐裝。溫醫師和朱蒂就買了幾套給昱和，他在家裡穿著，跑來跑去，一下幻想活在日本某個時代，一下把客廳當成日本某個場景，沉醉在自己的想像中，自得其樂，也帶給溫醫師和朱蒂很多歡笑。

昱和的想像力，尤其表現在學校作業中。以某一作業爲例，他設計了自己的墳墓和陪葬物：棺材以黃金打造，棺蓋四周鑲紅寶石，側邊有紫翠玉；大理石製的食物箱，最底層是兩罐千層麵，上面是六塊臘腸披薩；金錢箱，內藏黃金，市值約十八萬美元；武力裝備有短劍、旗幟、M16A2 步槍、中世紀戰斧、武士刀、軍刀、偃月刀、印地安鉞、M3 衝鋒槍、長矛。

這篇報告，從需要到想要，從外到內，有文有武，層次分明，井然有序，充分展現昱和的細膩、幽默、思慮周延，甚至連自己心愛的寵物死後都有棺材，還大加裝飾，毫不馬虎。在正式報告前，昱和先在家中演練一次，溫醫師還錄影留念；報告結束之後，朱蒂忍不住喝采叫好，鼓掌讚賞。

溫醫師老家在新竹，移民美國之後，返家機會不多。他是客家人，家庭觀念很重，而且他從小又特別孝順。他妹妹一心想要讓他思念雙親之情得到抒解，所以不斷安排，終於讓溫醫師的爸媽順利成行，來到珊瑚鎮。那是兩位老人家第一次到美國。

白天，祖孫玩得很高興。昱和把長條形的透明塑膠袋鋪在草地上，用灌溉草皮的自動灑水器弄濕，然後赤裸上身，打濕身體，人在塑膠袋上面衝過去，滑行十公尺沒問題，一邊滑一邊自體旋轉、踢腿、大叫，非常有趣。

溫醫師忽然想到：「難得的日子，可以植樹慶祝。」於是挖土、栽種、調位置、灌溉，大家嘻嘻哈哈，玩得很高興。

一九九六年七月四日，那天是美國國慶日，所以佳禾、昱和都不用上課，在家休息。溫醫師和朱蒂陪著爸媽和妹妹、妹妹小孩一起上街，到了晚上，原本計畫去看煙火，但是溫醫師的爸爸因爲時差的關係，感覺疲累，想返家休息。朱蒂也不想去了，打算陪他。所以，溫醫師就帶著媽媽、妹妹、妹妹小孩，準備一起去看煙火；而爸爸就由朱蒂載回家休息。

朱蒂回家，只看到佳禾在客廳看電視，順口叫道：「昱和，媽回來了。」沒有回應。

通常昱和很快就出現，但這次卻完全沒回應。朱蒂覺得奇怪，心想：「大人才離開沒多久，昱和應該不可能自己外出。會不會在外面？」因爲有一陣子他對盆栽很有興趣。在後院栽種一棵小樹，他說那是他的盆栽。朱蒂又想：「他不在房內，應該是在後院照顧盆栽。」走到後院，也沒看到，更覺奇怪。

再度進屋，朱蒂又叫了很多次，而且更大聲，還是沒有回應，她問佳禾：「弟弟呢？」

「不知道，大概在樓上吧。」佳禾在客廳，沒有特別注意。

朱蒂已經有點不安了，到二樓，到處看，仔細找，都沒人，她心開始慌了，「他到底會跑到哪裡去？」

再次來到昱和房間，裡面有一個更衣間，剛剛找得很急，一下子沒檢查這裡。這時停下來，仔細看了一眼，更衣間的門虛掩，朱蒂快步走近，把虛掩的門打開。

溫醫師正在和家人看煙火，忽然聽到會場廣播：「溫醫師，你必須回家一趟。」

「怎麼可能？看煙火看到一半，叫我回家，只有我家人知道我在這裡啊。」溫醫師跟他媽媽說，要馬上回家，大概出事了。

回到家，還沒停好車，就看到兩部警車在家門口。「糟糕，發生什麼事？」溫醫師帶著疑惑的心，快步走進去客廳，爸爸、朱蒂、佳禾都不在，昱和也不在，只有兩個警察在昱和房間。

「到底什麼事？」

「發生意外了，你必須去急診室。」一位警察回答。

溫醫師立刻趕往醫院，一路上，心中焦慮，擔心，不曉得到底發生什麼事，完全沒有任何一點資訊。他心裡一直祈禱，希望沒事。

一進急診室，看到佳禾哭著跑出來。醫院社工先把溫醫師帶到一個房間裡，讓他平息一點，隨後告訴他：「昱和出事了，沒有呼吸了。」

溫醫師完全不能相信，不能接受。只看到朱蒂和佳禾抱在一起哭，所有親戚哭成一團。他整個心都空了。

社工問：「你想不想看你兒子？」

溫醫師點點頭，隨後進入一個房間，看到昱和就躺在那裡。他塊頭滿大的，感覺佔滿整個病床，靜靜的，好像睡著一樣。溫醫師知道昱和走了，還是忍不住叫他，但昱和再也不會回應了。

當晚，地方電視台新聞報導：

今晚發生在珊瑚鎮的新聞，也許會讓家裡有小孩的家長們感到困惑，但該事件家長認為此事必須讓大家知道：十三歲的溫昱和，在家裡的衣櫃上吊身亡。

法醫正在研判這起死亡事件到底是意外，還是自殺。

第二天，在昱和書桌抽屜裡發現一張聲明告示，上面寫著：

此房間及所有物品，均是昱和所統轄的財產，在此範圍及內部物品均不可侵犯，所有物品未經持有人同意，不可隨意移動，除了爸、媽、姊之外，其他人必須經過溫昱和口頭或其他方式同意，方可進入此房間及使用內部物品。違反此公告者，將受嚴厲譴責與處分。此公告於一九九六年七月四日正式生效，且可在無預警下更改或廢除，謝謝。

溫昱和

房間持有人與管理者

所有人的共同問號：爲什麼？

溫醫師回憶：「有一次在家裡，我看到昱和脖子上有一點瘀血。我問他發生什麼事？他不敢講。不敢講我就再追問，突然想到：他可能去做了『那件事』。他很喜歡畫漫畫，其中很多圖像，都是畫上吊圖。我非常生氣，大聲問：『你做了那件事？』他嚇壞了，很害怕，說不出話，只是一直點頭。我不能忍受他開這種玩笑，很嚴厲地告訴他：『生死一瞬間，如果你沒有逃脫，就走了。你絕對不能再這樣做了。』」

「假如眞的是自殺，我這個醫生眞的是白幹了。」溫醫師自責：「他一直畫上吊圖，難道我連這種事情都看不出來，還單純地一廂情願以爲，可能是昱和對死亡這種事太好奇了，一直想去了解死亡以後或是瀕臨死亡的一剎那，到底是怎樣的情境。」

昱和生前有個要好的同學，來自印度，他爸爸也是醫生。發生事情那一陣子，他們全家在印度，兩週後，那個媽媽來探望溫醫師一家，一看到朱蒂就抱著她，一直哭，還說：「我不知道該不該跟妳講，這些小孩太聰明，有時他們在想什麼，我們都不知道。我的兒子曾經告訴我——昱和有一次跟他說：很多事情都要去經歷，包括死亡。死亡到底是什麼滋味？沒有人知道。所以，也可以去嘗試死亡。雖然很冒險，但有辦法在最後一刻逃開。」

朱蒂不敢相信：「怎麼會有人這麼傻？把這種事情拿來做實驗？實在是很傻。」

所有的人難以置信：這麼聰明的小孩，怎麼可能去做這樣的實驗呢？爲什麼要去做這樣的實驗呢？

昱和非常喜歡看日本影片。朱蒂認爲，日本文化很獨特，跟亞洲不同，他們很強調死亡文化，重視死亡美學的觀念。尤其「幕府將軍」，很多切腹場景，光榮殉道，被主人光榮賜死。昱和重複看很多次，而且最喜歡看的是切腹的片段，有時一放學，他會一直重複看那些片段。

朱蒂想：「爲什麼會發生這樣的事？昱和雖然才十三歲，但他很早熟，思想上啓蒙也比同齡早，對事物的感受性很強，對知識吸收也很敏銳。難道日本文化對他產生影響，而我沒有察覺到？」又想：「當時怎麼沒有發現，昱和可能是白天在學校受到挫折，很憤怒，所以回家會看那些切腹畫面，來發洩他的心情。」更想：「昱和對自己死後的墳墓和陪葬物描述得那麼詳細，是已經從好奇死亡到憧憬死亡嗎？而我沒有發現，竟然還爲他的報告鼓掌叫好？」

對溫醫師父母來說，這眞是最大的打擊，高高興興來美國看兒子和長孫，卻帶著悲傷回台灣。

當初在溫醫師家與昱和開音樂會的台灣留學生，在那一段不易度過的哀傷日子裡，幫了很多忙。溫醫師的朋友，心理治療師朱道申，一家人搬到溫醫師家住了三個月，陪著溫醫師一家走過很悲痛的歲月。

昱和喜歡的小熊，溫醫師和朱蒂一直保留著，雖然熊的一隻眼睛都壞了。而當初製作的生日皇冠，朱蒂也一直保存著。昱和剛走的前幾年，朱蒂一直沒有辦法看這些東西，只有珍藏，收在一邊，不敢看，也不願意看，睹物思人，非常傷心。現在還好，覺得幸好東西沒有丟掉。當初跟昱和一起製作演話劇的道具，很溫馨的畫面，歷歷在目。這個活潑孩子，帶給溫醫師和朱蒂多麼快樂的時光。

昱和走了之後，朱蒂好一陣子都不敢去圖書館，很傷感，因爲太熟悉了。

有幾次聖誕節，溫醫師和朱蒂捐了一筆錢給昱和就讀的小學圖書館，由校方選購圖書，讓跟昱和一樣喜歡閱讀的小朋友能有更多的書閱讀，書的扉頁也都有蓋紀念章，當作是昱和送給他們的聖誕禮物。

此外，由於昱和也喜歡音樂，溫醫師和朱蒂成立「溫昱和基金會」（Felix Wen Memorial Foundation），每年贊助六位愛荷華市立中學管弦樂團優秀的學生參加「音樂營」。該音樂營是由愛荷華大學音樂系所舉辦，讓全州對音樂有興趣的優秀同學參加。拿到獎學金的中學生，都會寫感謝卡給溫醫師和朱蒂。朱蒂一直收集著這些溫馨的卡片，她相信「喜歡音樂的小孩不會變壞」，她希望這些小孩能健康平安，長大之後成爲一個對社會有用的人。

昱和生前個性幽默，很喜歡開玩笑。溫醫師家附近有一塊墓地，有一次他跟朱蒂開玩笑說：「媽，我死了以後，要葬在那個地方。這裡我很喜歡，離家很近。」沒想到一語成讖。溫醫師和朱蒂就照昱和的意思，將他葬在那個墓地。

2. 心願

在死亡面前，機率沒有任何意義。
就算某種癌的發生率只有百分之一，
發生在自己身上，就是百分之百。

二〇〇七年，美國佛羅里達州，邁阿密大學附設醫院席爾維斯特癌症中心（Sylvester Cancer Center）。

「醫生，我覺得好多了。」

還會主動告訴醫師自己很好，讓溫醫師的心揪了一下。這樣的小孩，這樣的話語，這樣的表情，不管溫醫師遇到多少次，心都一樣沉重。在大眾觀念裡，光聽血癌就知道治癒機率不大，何況這是血癌的復發。五年前，溫醫師與傑克結緣，當時他八年級，很懂事，也了解到問題的嚴重性。家屬很緊張，徬徨無助全寫在臉上：焦慮不安，飽受煎熬與折磨。

死亡，從來就不是一個人的事，人們永遠無法知道死亡會改變什麼，不管是自己還是家人。

「醫生，我最近在做一件事，希望能順利完成。」

理論或臨床都已實證，轉移注意力對病情而言永遠是最佳輔助療法。傑克每次住院都需一週以上，總共住院二十五次。一開始是化學治療，嚴重掉髮的他，總是戴著一頂鴨舌帽。原本他身體一直很好，後來因爲化療的副作用：嘔吐、疲倦、掉髮，身體一天天衰弱。但他還是很開朗，每次都很堅強。溫醫師試著問他在做什麼，因爲吸取經驗，可以教其他病人；而且，如果有溫醫師可以幫到的部分，他也樂意尋求社工資源加以協助。

「這件事只能我一個人做，每天只能做一點，我會堅強地做下去。」

堅強並不容易。化療過程中，爲了預防癌細胞轉移到腦部，要把其中一種藥物打到脊髓液裡，所以要做腰椎穿刺。那是痛澈骨髓的痛，但傑克從不喊痛。另一方面，因爲做太多次化療，越到後面，腰椎穿刺的困難度越高，有時還會發炎。腰椎穿刺打的位置在第三、第四腰椎，有一次主治醫師花了半小時，打了四、五次都打不到，請主任醫師來打，他雖然只花十分鐘，但也是試了四、五次才打到。因爲病人抵抗力已經變弱了，傷口癒合能力當然不如正常人，再加上纖維化，所以越來越困難。

「醫生，我的情形應該很難有奇蹟出現吧？謝謝你一直鼓勵我，現在只好看老天爺的決定了。」

因爲癌症，一個十四歲的孩子被迫瞬間長大，可以說出如此成熟的話。

「你正在很努力的那件事，做得還順利嗎？」溫醫師其實有點刻意轉移話題。

「嗯，不怎麼順利。」

「怎麼了？想談談嗎？」

「沒關係，不用了。」傑克雖然回絕，臉上卻有一種自信，一種光采。

二○○二年，十四歲的傑克得了急性淋巴性血癌。

在門診，如果問題很嚴重的小孩一來，有經驗的醫師一看就知道大概是哪裡出狀況。這樣病人來的時候，特徵是很衰弱，嘴唇慘白，那種慘白已經超越一般貧血。立刻進行驗血程序，由於血癌是白血球、紅血球、血小板都會出現問題，所以看完報告，幾乎可以直接判定：「你得了血癌。」

小孩可能只是疲倦，或頭暈摔一跤，看個門診，被宣判得了癌症。對家屬、病人，都是很大的震撼。

「醫生，我昨天做放療時，聽到一個很棒的故事。邁阿密車站旁有個賣義大利麵的小販，他年紀很大了，綽號駝背。老人每天早上把小販車準備好，開張時一定只準備一百個盤子，盤子用完他就把車子開回家洗碗，結束一天的生意。有人勸他不必如此規矩，他嚴肅地說：來吃麵的都是要趕火車的人，如果盤子不乾淨，讓人在火車上拉肚子，這樣不行！」

「嗯。市井小民有很多令人尊敬和感動的故事，至少他沒有用三桶水就解決了洗碗的問題。對了，這個故事跟你告訴過我你現在正努力做的事，有相關嗎？」

「當然有！非常的相關！」傑克忽然有點激動了。

溫醫師越來越好奇：難道他的心願是開麵店？他父親是蛋糕店師傅，莫非他師承乃父，另起爐灶，打算再創小吃界新猷？

又看到傑克來做放療，已經是五年後。他依然開朗，溫醫師不知道他怎麼辦到的，他就是那麼開朗。或許是他的心願又更接近完成吧？他還是那頂鴨舌帽，準時報到，依約出現，沒有怨言，獨自前來。醫生護士，同感佩服。瘦弱的身影經過護理站，形象卻很巨大。做完放療又開始噁心，極不舒服，但他也不會因爲害怕或寂寞，只爲了跟護士說話就按緊急鈴。

「我早就知道化療和放療會有這些副作用，會這麼不舒服，我家人已經因爲我生病而難過，我不希望讓他們更傷心了。」

這麼懂事、成熟、獨立，更讓人心疼。

後來傑克做骨髓移植，高劑量放射線和化學藥物一下去，不只癌細胞，正常細胞也殺死。之後再把正常骨髓注射進去，這段期間免疫力很差，仍必須繼續化療。住院期間，高燒不斷；肺部有感染，免疫力很低。

溫醫師去看傑克，心想，他如此毅力對抗病魔，一定也有自己的法子，完成心願，便忍不住問：「你的開店計畫進行得如何了？還順利嗎？」

「開店計畫？我要開什麼店？」

「你不是要開麵店嗎？」

「沒有啊！」他笑了，笑得眞燦爛。

「這樣啊。你別賣關子啦！跟我說你的計畫，讓我也分享你的喜悅。提示我一下吧！」

「上次我就說了啊，這事只能一個人做。」

「再多提示一下。」

「嗯，越想快點完成，就可能越慢完成。」

「一個人做的事，要慢慢做，每天做一點，越快就會越慢？」溫醫師還眞的越來越好奇。

「不知能不能成功，所以還是先保密。醫生，難道你沒聽過，願望說出來就不靈了。」傑克神祕一笑，不再說話，似乎對自己獨力完成心願充滿自信。

當傑克病情減緩，院方停止化療。停止化療之後，持續追蹤一段時間，又復發了。

又復發，再從頭開始治療，惡夢又開始。命運逼他把所有過程再複習一次。又開始打化療，一星期來一次，之後每個月來一次。

溫醫師又去看傑克，他似乎更虛弱了。溫醫師當然也不敢問他的心願完成與否。

「都是我的錯，如果我不得癌症就好了。」

溫醫師的心開始微微作疼。傑克的病，五年存活率很高，他從發病到現在也已經超過五年，證明其實化療是有效的。但每種化療藥物都有其治癒率，診斷後第一次化療，治癒率大約是百分之七十；換言之，有百分之三十沒效。可是一旦復發，其治癒率降到百分之三十左右。以淋巴性血癌而言，打完化療，癌細胞消失是常有的，傑克的情形也是如此。他化療的一段療程結束後，從血液裡面已經看不到癌細胞，病情減緩；但是，沒想到癌細胞卻在腦脊髓液復發。

「我的身體我自己最清楚。當我知道得癌症的那一刻，我以爲我死定了。剛開始一直吐，漸漸看不到，後來連聽都聽不到，越來越疲倦、越來越痛。」

溫醫師也感黯然，告訴他：「未來也許有新的療法。」

「也許沒有吧。」傑克冷冷地說。

冷漠的回答不是絕望，是對生命的透徹領悟，是異於同齡青年的成熟和豁達。溫醫師很清楚這點。

傑克躺在床上，別過頭去，不再言語。但他的表情像是在說：「醫生，你去陪其他病人吧，別擔心我。」

又過了三天，溫醫師再去看傑克。

「醫生，癌末病患有人自己好起來的嗎？」

他終於問了。溫醫師相信任憑一個人再怎麼對死亡灑脫，還是會期待奇蹟。他還有什麼事放心不下？啊！是了，他的唯一心願，最後的願望。看來他似乎也漸漸意識到，心願已經來不及完成。溫醫師很鎮定地告訴傑克：「在醫學史記載裡，偶爾也會有癌症自動消失的奇蹟，這實在是難以解釋。在全世界的科學文獻報告中，這種病例並不少。沒有人懷疑這是假的，即使機率很低。」

「是不是病人自己的免疫機制突然變得很強，使癌細胞不再擴散或轉移？」

「可能是，可能不是，不得而知。有的人癌瘤八、九公分大小，預後不好，但術後追蹤十年，他還是活得好好的；也有的病人，癌瘤很小，不到二公分，但已有轉移。因爲癌症畢竟還是有其個別差異性，所以有些人癌瘤雖然很大，但他的免疫系統很強，一有少數癌細胞出現在血液或淋巴系統中，馬上就被殲滅，沒有機會轉移。」

「所以……人生，還是要靠運氣的吧。」他嘆了一口好長的氣，表情漠然，不再言語。

傑克住院的時候，溫醫師曾經和他的主治醫師交換意見，後來用四、五種抗生素，情形都沒有改善。從種種跡象和各類醫學影像、數據，他整個人已經很衰弱了。

有一天傑克跟溫醫師說，他想回家。溫醫師問他爲什麼，他說他知道，時間到了。

時間到了。他連生命最後一刻都如此鎭定。溫醫師不再說什麼，只是爲他祈禱。

當醫師無法繼續治療，只好幫病人求神來減輕他們的痛苦，讓心平靜下來，不要恐慌，不要懼怕。生命的盡頭，醫師也無能爲力時，只有交給神。

人都會死，死不可怕，可怕的是伴隨死亡而來的事。所以人面對死的態度就很重要了。死了之後就一切結束？死亡之後還有永生？溫醫師是佛教徒，希望傑克乘願再來，如果他離開，希望他的靈魂得到安息。雖然傑克沒有宗教信仰，但是溫醫師把信仰的力量帶給他。

傑克回家之後，第二天因肺部感染，呼吸衰竭，離開人間。

十四歲發病，二十歲去世。傑克太健康、太年輕，不應該這麼早死。十四歲到二十歲，一個人一生的黃金歲月，但他卻大半在醫院裡度過，在死神的陰影下度過，在一次又一次的化療痛苦中度過。默默承受一切，自己來醫院，自己做化療，自己照顧自己。

記得傑克曾說：「你永遠不知道死亡何時會找上你。」溫醫師回答他：「沒錯。這就是我們無須懼怕死亡的原因。」溫醫師知道他很害怕，也知道他從不害怕；也許對他而言，死亡從未真正開始，也沒有結束。最後，他離開了，帶著遺憾，帶著未完成的心願，他就這麼離開了。從這個病床、這所醫院，以及溫醫師的生命裡。

一個月後。

傑克的母親忽然出現在診間，送了一本書給溫醫師，他一看封面，不禁一愣。

作者是傑克。

母親告訴溫醫師，孩子在生病期間，意識到自己不久會去世，所以立志要寫一本書。書稿完成後，孩子獻給母親，溫柔地說：「我把化療與放療過程中，醫生護士爲了鼓勵我而說的動人故事，加上我的心情，如何面對癌症，都仔細寫下來。我本來就喜歡觀察人，喜歡交朋友，和人互動。這本書可以幫助有這樣生病小孩的人家，版稅也可以幫助家人。」

原來，傑克的心願是寫一本書。而他終於完成了，在生命的最後一刻，在他精神極度痛苦的時候，他做到了。完成這樣的書，意味他必須再一次鏤刻自己的痛苦，那是一個難以到達的境界。因爲，只有當自己能完整陳述傷口時，傷口才算痊癒。

疾病不只奪去，也能給予。透過病人，溫醫師感到生命的重要，感到生命眞正的意義，也感到生命的尊嚴。這並不是說醫師多麼懂得體會生命，而是覺悟到生命是多麼脆弱，自己原來是多麼渺小。看盡生老病死，無常人生，溫醫師發現不管人們再怎麼努力面對人生的苦難，苦難還是會以不同形式出現；苦難是永恆的，然而比苦難更永恆的，是親情，是家人無怨無悔的關愛，是他們那永遠以一顆平靜柔軟的心去面對苦難生命的執著。

3. 考試

每個人一生，都要經歷很多考試。求學時代的考試，似乎很難熬，但事過境遷，驀然回首，這些曾經令自己無比苦惱的考試實在比不上人生後來的無形考試。相對於那些我們預先知道的考試，有些考試根本是臨時抽考，看命運抽到誰，誰就得乖乖應考。只是，命運的考題，我們往往一考就倒。

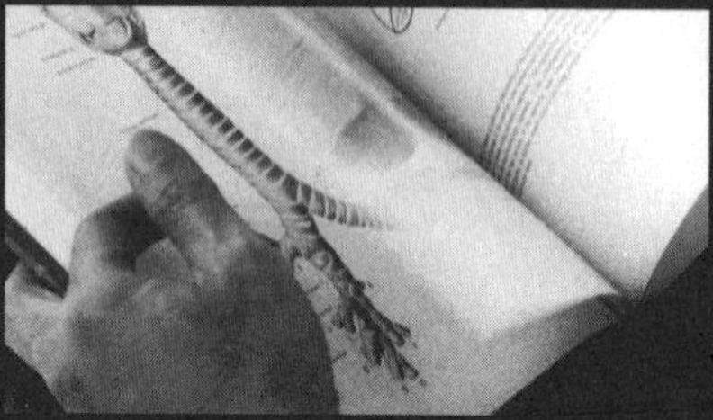

躺在治療檯上的蘇菲老太太，左顧右盼，神情緊張。她正在接受模擬照射，兩腿張開，很不舒服。

模擬照射不是實際的放射照射，是先用X光來定位，計算之後才正式照射，目的在於更精準抓到癌細胞的位置。如果直接照射，病人會受到多餘的放射治療，對身體造成傷害。

模擬照射方法有兩種：一是用電腦斷層攝影，畫出腫瘤位置，之後在電腦上呈現3D立體效果，加以整合，算出放射治療的範圍和方向。一是用普通X光機，像照射胸部X光那種，直接定位，這是比較老式的定位方法。

溫醫師走進來，握住蘇菲的手：「很緊張？」

七十五歲的蘇菲死命點頭。她單身，獨居，先生早已去世，有兩個兒子，一在加州，一在德州。

「這種照射很普通，妳放輕鬆就好，不會有什麼影響的。」

蘇菲皺著眉說：「治療檯太硬了，而且，機器的聲音弄得我很不自在，不知會發生什麼事。」

二〇〇七年一月，蘇菲上完廁所，在擦拭的衛生紙上看到鮮紅血液。她很緊張，立刻找她的家庭醫師。初診結果，肛門裡有一無法判定的小腫塊。再到腸胃科，做直腸內視鏡，結果發現離肛門口一公分的地方有個三公分大小的腫塊。經切片，送到病理科，確定爲肛門癌。

「這跟過去我常常穿太緊的內褲有關嗎？」蘇菲問。

「應該沒有。」

「是不是因爲過去我常便秘？」

「跟便秘應該也沒有關係。」

「四、五年來，常常放栓劑，有沒有關係？」

「應該也沒有關係。」

溫醫師看蘇菲情緒還算穩定，直接建議她：「最好的治療是放射治療加化學治療。」

「如果我都不要做呢？」

「那只有切除肛門，然後做一個新的人工肛門，但通常病人會覺得不自在、不習慣，尤其是剛開始時。」

蘇菲的兒子們要她同住，但她不想麻煩兒子，所以沒去。她對自己得了癌症這件事的接受度算很高。有些人是完全不能接受。

「妳有把結果告訴妳的兒子嗎？」溫醫師問。

「沒有。」

「爲什麼不講？」

「講了也沒用。他們又能怎麼辦？他們一定會馬上來看我，看我，又不能做什麼，只是更難過。我看到他們難過，自己也更難過。搭飛機，浪費錢；請假，會被扣薪。」

溫醫師停頓了一會，似乎是在思索該怎麼回應。

蘇菲又說：「我爸體弱多病，中風二次，最後還死於肺癌，死前非常痛苦。我媽一直沒恢復過來，彷彿心跟著爸爸死去，只剩下身體還在世上。我叔叔也是癌症，大腸癌，病到末期，有一天突然吩咐他孩子，把存在銀行的現金全部領出來，總共領了一百多萬美金。他把全部鈔票換成十元鈔，紮成一大疊，一百多萬現金就這樣堆放在臥室裡：牆角、書櫃、桌子、衣櫥都堆得滿滿的，每天盯著那些現鈔看，陪著那些現鈔睡。因爲那是他畢生血汗所賺來的錢，既然無福享用，那就多看幾眼吧。看不到幾天就離開人間了。」

蘇菲眼神望向好遠好遠的遠方，沒有盡頭、也不需要盡頭。說起自己親人的遭遇，極端平靜，沒有自憐，好像說別人家的事。

對蘇菲而言，說出親人離開的經歷似乎讓心情舒緩不少。

溫醫師隨後問：「妳來複診，生活上有人照顧嗎？我是說，洗衣服、居家環境整理、妳的三餐問題，這些事妳都有人可以依託嗎？」

「你說的這些事，我都可以自己做，不必麻煩別人了。」

「妳平時有可以聊天的朋友嗎？」顯然是相當獨立的老人。

獨居老人，朋友不多，對蘇菲來說，眞正可以談話的朋友，兩年前又過世了。

溫醫師又問：「那妳平時除了自己照顧自己，還有跟什麼人比較常來往嗎？一起做一些事的朋友，比如打橋牌、運動、散步、去超市購物什麼的？」

「三隻貓。」

「鄰居呢？」

「其中一位，還算滿常來看我。」

「那麼妳要好好保持聯絡，因爲妳一個人住，也許需要她的幫忙也不一定。」

做完模擬照射，蘇菲從診療檯慢慢坐起來，溫醫師請她簽放射治療同意書，同時解釋放療與化療可能出現的副作用：由於腫瘤在肛門附近，照射部位在下腹部，可能造成腹瀉，皮膚發炎，泌尿道不舒服，頻尿，下腹陣痛想拉肚子，噁心，嘔吐；此外，放療會讓人比較疲倦。

「那併發症呢？」

可能出現的併發症：尿道狹窄，膀胱容量變小，直腸受損造成腸道阻塞。

溫醫師一一詳加解釋。

「用直線加速器做放射治療嗎？」蘇非忽然問。

溫醫師微微一驚，這雖然是極普通的醫學儀器名稱，但從一個老太太口中說出，還是頗令人意外，隨即想，她的家族之中，已經有兩人得過癌症，所以她當然知道治療癌症的儀器，也有這方面的常識，便說道：「直線加速器比鈷六十的能量強、精準性高、治療效果更好，如果不算病人上、下或翻身等固定部位的時間，一般治療約不到五分鐘，而且不會產生痛苦，適用於所有癌症，漸漸取代鈷六十。」

「那直線加速器的附件呢？是光子刀？三度空間立體定位放射治療儀？」

溫醫師更驚訝了，莫非眼前這位看似尋常的老太太竟是醫學前輩，而且還跟自己的專業有關，是個深藏不露的高手？不知是愼重還是怕說錯出糗而被當面指正，溫醫師刻意放慢語氣：「直線加速器有『動態楔形濾片』、『多葉式準直儀』兩項重要附件。這是因爲腫瘤通常呈不規則形，在治療上爲保護正常組織，當照射部位的厚度深淺不均勻時，可加上楔形濾片使劑量分布平均，不傷及正常組織；而經由多葉式準直儀的電腦控制，更可任意製造出需要的治療形狀，不像以前用鉛製模型，費時費力。至於妳說的三度空間立體定位放射治療儀，是直線加速器的最新特殊治療附件，俗稱放射刀或光子刀，是最進步的腫瘤治療方式之一，可造福腫瘤病患。」

蘇菲又問：「治好機會多大？」

溫醫師心裡覺得有趣，問完了治療儀器，現在要問治癒率了，他回答說：「肛門癌治好機率很大，妳的情況是第三期，算早期。治癒率百分之五十以上，有些報告是說百分之九十。從百分之五十到百分之九十，範圍很大。至於說，妳是屬於哪一個百分比，很難講，主要牽涉到診斷後的心情。妳如果常常做放鬆式的運動，心情保持樂觀，開始吃健康食物，越努力去做，存活率就越往百分之九十那邊靠。如果自暴自棄，不做正面的事情，那妳的存活率就會往百分之五十那邊走。」

「什麼健康食物？」

溫醫師慢慢解釋：「化療階段，體內癌細胞被殺死，但治療過程中，體內好的組織也一併被殺死，所以需要蛋白質。蛋白質的功用是修補體內組織，放療、化療期間，很多細胞都會受到傷害。治療後，蔬果多吃，糙米也多攝取。此時蛋白質攝取量，只要足夠供給身體需要，儘量不要超過身體所需，攝取過多蛋白質，對腎臟是種負擔。」

「我聽過另一派說法是，不要動物性蛋白質，用大豆或其他植物性蛋白質。」

「嗯，其實要訣很簡單：越均衡越好，什麼都要攝取，但都不要太多，要記住：如果營養已經足夠，還刻意去增加營養，那不是很好的做法。再好的東西，量超過，就沒那麼好了。」

蘇菲低頭思索，又問：「我聽過有人說，治癒率有可能是百分之百。」

溫醫師右手往天花板上一指，輕輕一笑：「這要問祂才知道。在醫學裡，沒有一件事是百分之百的。」

「其實我有去看書，我記得書上說，治癒率是百分之七十。」

溫醫師越來越驚訝。坊間健康保健書籍很多，但蘇菲看的是兩本醫學院學生必讀的教科書，其中一本還是一個知名藥廠出的書，內容是幫助癌症患者治療、預後。

至此，溫醫師不只驚訝了，可說是嚇一跳：「怎麼那麼巧？應該說好險，我講百分之五十到百分之九十，妳說書上寫百分之七十。」正想解釋，蘇菲說：「我還看過哈佛大學醫學院的網站，上面有一些資訊，我都仔細讀過了。」

「百分之七十算是相當高的機會，所以妳在治療期間，提起勇氣，每天準時報到，一定會活得更好。」

對話結束，蘇菲簽同意書，她注意到溫醫師看她是左撇子，笑著說：「全世界只有百分之九是左撇子。有趣的是，這個比例從遠古以來就沒改變過。考古學家檢視一萬年前的岩洞壁畫而得出這個結論。」

溫醫師「嗯」了一聲，若有所思。他看著蘇菲，蘇菲從溫醫師雙眼看到自己：聰明、沉著、安靜。

只要有人如此堅定看著你，你會產生自信。這種信心對於對抗癌症，是多麼必要且重要。

一個獨居老人，非常獨立。很不想麻煩別人，甚至自己得癌症，都不告訴自己的孩子。溫醫師忍不住想：這樣到底好不好，很值得商榷。

知道如何接受別人幫助，是非常重要的。

對蘇菲而言，至少要讓孩子知道，讓他們對媽媽的愛可以流露出來，有機會報答媽媽。如果隱瞞不講，有一天孩子還是會知道，癌症患者的時間是會用完的，那時與媽媽相處機會更少，子女會不會怪媽媽：「爲何妳當初不講呢？我們本來可以有更多時間相聚的。」請假、坐飛機，兒子很願意，而且這麼久沒見了，當然很希望多陪陪媽媽。

平時，也要有幾位知心的朋友，不管多少。如果身體有萬一，身邊的朋友還是可以提供最直接、迅速的幫助。

令溫醫師體會更深的是，對自己的身體要很關心。現在資訊如此發達便捷，任何醫學常識在網路上都找得到詳細說明。相對的，醫生就要更用功了，萬一不小心，很久沒複習的東西記錯或講錯，有些病人會立刻質問：「書上、網站明明不是這麼寫，你是記錯，還是忘了，隨口說說？」甚至還有更難纏的病人，醫生可能要先翻翻書，再去跟他對話。不然一下子被病人考倒，那就糗大了。

溫醫師想起梅蘭芳說過：「戲要常帶三分生。」意思當然不是說只學到七分就上台，而是全盤掌握之後，仍然要虛心，警覺。當自己覺得「很會了」，演出註定粗糙。

醫生在讀醫學院經過無數考試，進入醫院；就算當實習醫師，也要考醫師執照；就算考上執照，日後也要參加專科考試。但這些考試，有時還比不上病人或家屬的考試難應付。

肛門癌最好的治療方法是化療加放療。治癒率很高，可以到百分之七十。蘇菲個性太獨立，只有一個較好的朋友，其他都很少來往。她所在意的，就是她的寶貝貓。把家裡安排好，心愛的貓要吃的東西準備好，又弄了乾淨的盆砂，貓會自己處理大小便。一切就緒，蘇菲住進醫院，準備做化療。

沒想到，就在化療當天早上，蘇菲告訴溫醫師：「我想，這次先放棄，以後再說。」

溫醫師不驚訝，蘇菲不是第一個臨陣退縮的病人，他只想知道原因，知道原因就好辦了。

原來蘇菲考慮很久，還是決定放棄化療，寧願陪貓。化療要住院四天，蘇菲的三隻貓已經陪她很久，有的十多年，最少也有八年，她就是放不下心，無法專心去住院接受化療。人跟動物產生感情之後，這種感情的忠誠度不下於人與人之間。

溫醫師當然知道，拖越久，對身體越不好。但他也清楚，眼前的蘇菲，獨居老人的精神依託就是三隻貓，三隻貓對她而言是三個朋友，她已經失去健康的身體，正因如此，她承受不起任何會失去精神依託的風險，當然，也不願承擔。

蘇菲自己也有這樣的認知：「當你只相信一件事，它就會變得非常重要，這東西如果沒了，你頓失所依，就會立刻覺得自己一無所有。」所以寧願陪貓，放棄化療。

「你別爲我擔心啦，」蘇菲反過來安慰溫醫師，「這個問題，我想了很久，但是，我已經想清楚了。就好像一場比賽，你好想參加，也好想贏，可是沒想到這比賽比太久了，你覺得太辛苦，想放棄，可是又不能放棄，最後比賽結束，你鬆了一口氣，只有一種感覺：比賽終於結束了。」

蘇菲的內心，其實充滿矛盾。她對貓的強烈不捨，正是她對思念孩子的感情投射。孩子來，她高興，看到孩子擔心，她難過。她說放不下貓，所以暫時不做治療，其實內心更多的是想一個人安安靜靜陪著貓，過完她剩下的人生。

「如果，我確定妳的貓可以得到照顧，妳願意來接受治療嗎？」

「溫醫師，有時違背自己原則去做事，是很困難的。」蘇菲不知怎麼回答，因爲她也不知道自己到底想不想活得比貓久。

「我們部門裡有位技術員，他家是開寵物店，我可以請他幫忙，照顧妳的貓，我想，他是非常樂意的。」

蘇菲笑了，「眞的？你是爲了勸我來化療才這麼說的嗎？否則怎麼這麼剛好，你有病人需要化療，她的貓要人照顧，你的部門就有人家裡剛好是開寵物店的，可以幫忙照顧，這，這太巧了。」雖然略微質疑，但聲音掩不住喜悅。

「是眞的。請放心做化療吧，我會請同事幫妳照顧貓。」

蘇菲笑了。

「奇蹟只發生在祈求者身上。可能一切都有安排吧，」溫醫師也淡淡一笑，說：「一切都是最好的安排。」

4. 對焦

我們每個人都看過顯微鏡或望遠鏡，當眼睛一湊上去，透過鏡片，我們想看的東西一定是模模糊糊的。這時候，我們用手轉一下鏡片，對準焦距，想看的東西，瞬間變得好清楚。得癌症就像用手轉一下鏡頭，對焦，這個小動作雖小，但眼前的東西一下子全部清楚起來。所以，與其說是癌症讓個性改變了，不如說是癌症讓人們把人生看得更清楚，分辨出人生最重要的事物。

溫醫師對著六十二歲的漢斯，慢慢地、詳細地解釋病情現況，這是他的個性，也是他的風格。在沉穩的語氣中，給人安定的力量；溫和的肢體動作，給人完全信賴感。

漢斯得了淋巴癌，六週前，他完成一次階段性療程，這是他第一次回診。淋巴癌可以大略分爲最良性、最惡性、中性三類。再細分，可以分成十幾類。如果病人運氣好，較良性的淋巴癌，不積極治療都可以活八、九年。較惡性的淋巴癌，用各種藥物治療，都無法有效控制，有時甚至要做骨髓移植，幸與不幸，在診斷結果確定的一剎那，就已決定。同樣是淋巴癌，但結局是很不相同的。

漢斯打斷溫醫師的解釋，問：「常聽到所謂的『另類療法』，有用嗎？」

「不是有用或沒用，而是看病人的癌症情況是屬於哪一種，每種情況都不同。如果惡性，但屬於中等程度，經過化學治療，就算沒有完全治療完就開始用另類療法，我也聽過成功的例子。」

近幾年來，西方人對中醫越來越有興趣，漢斯也想過嘗試中醫療法，因爲他聽很多中醫說：「吃我的藥，眞的有癌症病人治好了。」

「其實是看中醫師的運氣。」

「運氣？中醫師治癒癌症爲什麼跟運氣有關？」

溫醫師眉頭稍皺了一下：「中醫可治癌尚未有定論，大多停留在耳傳的階段，文獻上的報導如鳳毛鱗爪。而且最讓人詬病的是一種藥方可以治上百種不同的癌症，這以西醫的角度來看，是不可能的。至於淋巴癌能不能治癒，取決於病人的淋巴癌是不是那麼惡性。如果中醫師碰到良性淋巴癌的病人，只要碰上兩個，他的藥方會很快出名，因爲良性淋巴癌，不治療也可以活八、九年，但他卻可以到處宣稱：『我的藥方可以治療癌症。』這個病人變成他的活見證。病人吃中藥後，病情果然未惡化，身邊的人以爲是中藥的功效發揮，但大家不知道的是，病人的癌是屬於非常良性的癌，不積極治療也有很好的存活率，還以爲是中醫治癒的。」停了一會，表情、語氣都愼重許多，「事實上，一般民衆不了解，不同癌症有不同狀況；就算同一種癌症，也分很多期；也因爲良性、惡性不同，治療結果也不一樣。」

漢斯是良性癌。因爲良性，變化反而更複雜，約有三種：

第一，已經擴散，而且擴散到全身，但因爲是良性，病人可以活八、九年。如果做局部照射，用處不大。

第二，如果還沒擴散，淋巴癌停留在局部，因爲是良性，用放射治療把局部地方全部照好了，這個病人可以完全治癒。完全治好之後他可以活二十年，甚至三十年。

第三，已經擴散到周邊的淋巴結，但沒有擴散到全身。若擴大局部照射範圍，仍有治癒的機會。可是因照射範圍擴大，引發副作用與出現併發症的機率也變大。如何決定治療方向，拿捏不易，有一點賭的味道。看病人願不願賭一賭。

漢斯剛好介於中間，可治療，可不治療。

最麻煩的情形就是這樣，病人一方面願意賭，一方面希望自己一定要贏。但全世界哪有希望自己贏結果還眞的贏的賭局呢？

溫醫師會診其他科的醫師後，進一步做出對漢斯最有利的診斷和治療。淋巴癌可分四期，他是第二期。如果是第一期，一定做放射治療，如果是第三期，一般不做放射治療。第二期還可以考慮做放射治療，因爲它還在局部。

一週之後，漢斯的太太凱蒂陪他回來複診。漢斯看來比之前更開朗，心情不錯。檢查完，沒有復發，復原狀況比預料中好，這是醫生、病人和家屬最樂意見到的結果。

「你接下來日子會更好過，心情要更放鬆，人也要更樂觀。讓好的細胞活得更好，你這樣可以活得更久，活得更長。」溫醫師輕拍了一下漢斯的肩。

「日常生活照護，會很難嗎？」凱蒂問。

「方法很簡單：飲食正常，不暴飲暴食。肉類少吃，不是完全不吃，量減少，脂肪攝取也減少。蔬菜水果，儘量多吃。五穀雜糧，更好。一定要適量的運動，培養一些嗜好。這些都是最基本的，讓心緒平穩，讓健康的細胞繼續維持活力。」

凱蒂看起來很年輕，才四十歲左右。聽完溫醫師講完養生之道，她笑說：

「他現在比較能放鬆。」

「眞的？」

「沒錯。」漢斯大力點頭。

生病前的漢斯是工作狂，早上七點工作到晚上十點。事情沒做完，一定不回家。回家前，一定規劃明天的事。準備明天，就一定會想到後天；計畫後天，不能不算到下週的事。所以明天的事永遠計畫不完，更別說算不清變化。

漢斯經歷二次婚姻，工作狂的他，第一次工作到失去太太。這次，沒有失去太太，但差點失去生命。他曾經覺得自己是個不夠完美的父親。他每次去公園、去學校、去任何地方，看到任何爸爸帶小孩的畫面，相處都那麼融洽。好像這些爸爸都有一本手冊，教他們怎麼帶小孩似的。

「跟以前相比，現在有什麼改變嗎？」溫醫師問。

「到了下午，有些事還沒做完，我就會放一邊，先回家。這在過去是不可能發生的事。週末、週日也比較少去辦公室，比較放鬆，在家做自己想做的事。」

溫醫師一言不發，很專注聆聽著。他知道這種改變不容易。六十二歲，一般認爲應該退休，好好去玩，享享清福。可是，漢斯直到生病之前，還是每天從早上七點工作到晚上十點。他是經理，他的部門最講求效率；而當他越被要求效率，他越是精神抖擻，全身亢奮。可想而知，要從這種性格改變，是非常不容易的。

「現在的確改變很大，平常喜歡做些什麼休閒活動？」溫醫師問。

「我喜歡看看書，也喜歡看電影。偶爾陪太太散步，還有兩隻狗。幫狗洗澡也是樂趣。」

溫醫師看了凱蒂一眼，不禁想，他太太也像他寵物一樣。又問：「爲什麼現在你會放鬆下來，不再跟過去一樣？」主要用意是讓漢斯自己說出來，多說一點，可以走得更深，發現內心更深層的東西，對放鬆自己，絕對有更多幫助。

「或許是淋巴癌，讓我覺得人生並不是我想的那樣。」漢斯的語氣變得有些傷感：「這大概是全世界最可笑的諷刺，你知道爲什麼嗎？因爲我沒抽過菸，不喝酒，除了忙一點，我敢說生活絕對正常，飲食適量，連保存期限最後一天的牛奶都不喝，還常常運動。積極工作，讓我全身充滿活力。一個對工作充滿活力的人，不是會影響賀爾蒙分泌、影響新陳代謝？對身體也可算是幫助吧！沒有什麼事情讓我特別煩心，事業有成，家庭美滿，人生幸福。我是健康的化身，可以當代言人，可是我卻得癌症。」

漢斯看了凱蒂一眼，繼續說：「而且，我媽媽活到九十七，我爸活到八十八。我一直認爲，我應該可以活到九十歲，絕對沒問題。沒想到我忽然得淋巴癌，或許，這讓我重新思考，還要不要繼續這樣拚下去。這大概是其中一個原因吧。」

凱蒂握了一下漢斯的手，他又繼續說：「這個影響是很大的，溫醫師，我相信你的病人，只要是得了癌症之後，人生觀都變了。改變的原因就是，我們一直認爲不會發生在自己身上的事，竟然眼睜睜、活生生就這樣發生了。很多人因爲這樣的刺激，有了新的開始。」

溫醫師輕輕點了點頭，表示認同，又問：「還有其他原因嗎？」

漢斯似乎是在讓起伏的心情平緩一點，一時沒有回答。

「我先生的公司，以前倒閉過。」凱蒂說。

「多久之前？」

「以前他在紐約工作，爲公司賣命二十五年，沒想到公司忽然倒閉。二十五年，本來可以領到一筆退休金，因爲公司倒閉，結果只領到百分之三十。他虧了很多，打擊很大。」

受了這麼大的打擊，還能持續之前的工作狂熱，可見漢斯是一個毅力非常堅強之人。

所幸，二十五年間，孩子的教育費解決了，房子貸款也全部付清。漢斯自己還有一些存款，加上股票，經濟狀況也算不錯。新工作在邁阿密，所以舉家搬遷。五年多以來，又是早出晚歸。公司倒閉不但沒讓工作狂收斂一點，反而更加倍付出，他從不讓別人幫他決定怎麼做，除非他自己想那樣做。直到得了淋巴癌，才慢慢調整自己的想法和做法。

漢斯說：「我發現，癌症不但強迫我思考什麼是人生最重要的事，而且強迫我做出最正確的思考。很多人得癌症之後，第一件發現的事就是：跟家人相處的時間，原來沒有自己想像的那麼多。就我自己來說，我很驚訝對於所愛之人的了解竟然如此少。我也想起有人將痛苦比喻為『上帝的擴音器』，意思是說，上帝透過疼痛警告我們，表示我們還有救；還有救的時候如果不自救或讓別人來救，那最後連上帝也救不了。」

「所以囉，預防勝於治療，老生常談，卻是最有效的保健之道啊！」

漢斯又說：「我們每個人都看過顯微鏡或望遠鏡，顯微鏡是從大看小，望遠鏡是把小看大，不管是為了要看清楚細部還是把遠方看清楚，當眼睛一湊上去，透過鏡片，我們想看的東西一定是模模糊糊的。這時候，我們用手轉一下鏡片，對準焦距，想看的東西，瞬間變得好清楚。得癌症就像用手轉一下鏡頭，對焦，這個小動作雖小，但眼前的東西一下子全部清楚起來了。所以，與其說是癌症讓個性改變了，不如說是癌症讓人們把人生看得更清楚，分辨出人生最重要的事物。」

溫醫師點頭讚許：「漢斯，你說得眞好！」

漢斯苦笑：「我寧願運氣不要智慧。」

其實，這麼良性的淋巴癌，漢斯還有時間可以活。可是八、九年之後，沒有人可以保證。很多事情根本不是自己能掌握或預測。但只要對人生有重新體認，珍惜現有時光，一切都已足矣。

凱蒂說：「溫醫師，你先別誇獎漢斯，他前一陣子常說，得淋巴癌之後，感覺就像失去了一部分的我。」

「如果失去的正是你不需要的那一部分呢？」溫醫師看著漢斯。

漢斯笑了，「有人不用工作就可以生活，當然也有人只工作而不需要生活。得癌症之前，只有在工作中的我才算是眞正的休息，埋頭工作我才有安全感。但即使再讓我工作一千年，我也想不到，是癌症使我找到眞正的自我。」他忽然露出有點無奈的表情，乾脆自己換個話題：「如果存活率是百分之五十，那表示一半的人會死，是嗎？」

「我都是看好一半的人會活。」溫醫師語帶輕鬆。

「你只是在安慰病人吧？」

漢斯說對了，或許溫醫師在安慰病人。但如果不安慰，那他該說些什麼呢？他只告訴病人事實，但病人想聽到的是：「我會好起來嗎？」「我能痊癒嗎？」「我什麼時候可以出院？」

漢斯又說：「溫醫師，你別看我現在這麼平靜，可以侃侃而談。你知道嗎？當我知道得癌症時，我很激動。爲什麼是我？爲什麼是現在？爲什麼是癌症？我好像只能等死，什麼都不能做，可是我想做的事反而比沒得癌症前更多。於是我很生氣，但是不知道該向誰發脾氣。得了癌症，我發現，等死遠比死亡本身更可怕。我信上帝，但又恨祂讓我得癌症，毀了我一生。我好氣，因爲一切都完了。我這麼努力，努力了一輩子，一生的奮鬥都沒意義了。終於有一天，我躺在床上，我忽然了解到：你既然要信你的神，就不要因爲你受的災難而怪祂、對祂生氣，任何人都一樣。」

看來漢斯已經經歷了「悲傷的五個階段」（five stages of grief）：

第一階段，否認。

對於突如其來的巨大事件，沒有辦法在瞬間接受，所以一定是完全否認，這時候，大腦會停止接受訊息，加以保護自己。有些人反而會表現得更積極、樂觀。延長工作時間，高聲談笑，全不在乎，好像沒發生過事情。

第二階段，憤怒。

會怨天尤人、會恨、會氣：「爲什麼老天這麼不公平？」有些會有暴力傾向，甚至自殘。

第三階段，企圖尋求一線希望。

一直在接受與否認之間打轉，通常不會很快繞出來。做各種嘗試，不斷說服自己。

第四階段，沮喪。

整個人垮了，心理建設完全被摧毀，所有支撐的力量全部粉碎。可能會有憂鬱症或其他心理症狀。

第五，接受。

完全接受事實，就是只有接受事實，內心平靜。

當一個人花了大量時間與精神去對抗病痛，可能他自己都不知道，自我修復能力已經不知不覺到了可以自行撫平任何傷痛的境界。

許多人都是從工作中獲得生命能量；受到肯定，所以更拚命工作，從其中得到自我價值。如果突然大病一場，一下子放鬆，有的病人會進入憂鬱期，因爲忙碌一生，最後得癌症，所有撐住生命的骨架瞬間垮掉，這時候注意心態調適就很重要了。換言之，既然過去維繫漢斯的生活、撐起他生命的衝勁和動力已大量減少，所以溫醫師告訴漢斯夫婦：「漢斯，現在你能放鬆，當然很好，享受你的新生活，做你喜歡做的事之餘，一定要發展一種新嗜好。用新嗜好去接受挑戰，不斷去嘗試。繪畫也好、攝影也行、運動也罷，你每一次做這些事情，都會覺得很高興。重點是：讓自己保持對生命有興趣，並且有衝勁去做自己有興趣的事；這樣一來，生命會產生另一種動力。從過去的殼子跳出來之後，有一個新的東西讓你覺得人生有意思，把你的生命撐住。」

溫醫師是腫瘤科醫師，比一般醫師更直接面對死亡。看盡生死，他發現：深化對人生意義的體悟，幾乎是所有癌症患者的自我考驗與成長進程。很多人在知道自己得癌症之後，清楚時日不多，開始活得更積極，找出更多想做的事，趕快去做；讓自己人生結束之前，有一個完美句點。

此外，溫醫師喜歡和癌症病人分享一部日本電影「活著」：

一個在政府機關的科員，做了四十年的公務員，就在他準備退休前夕，診斷出胃癌，大概只有半年可活。他重新檢視這四十年的公職生活：四十年來，每天都是家裡到辦公室，從辦公室回家。他才開始重新想：「這一生曾經想過要做哪些事，現在只剩六個月，能做什麼？」

從這裡出發，他不再是舊的他，他的人生是全新的、積極的、正面的、正確的。他不但想自己要做哪些事，也想為別人做一些事。他發現，社區需要一座小公園。由於他在政府機關工作很久，知道怎麼跑公文，於是他自己努力寫了無數次公文，終於爭取到一小塊地，改建成公園。他過世後，全社區的人都來他的葬禮。他用最後的生命，把一個公園計畫實現了。

晚上，溫醫師在書房靜坐，思索漢斯成爲工作狂的原因。

很多人無法從工作狂解脫，主要是來自父母親的要求。從小被要求做家事，做不好可能被責罰，或是一定要做完才可以吃飯睡覺。這種無形中形成的壓力，累積下來更可怕。一直訓練，到最後自己都忘記自己是怎麼被訓練出來。只是覺得，一直做會很愉快；沒有做，會有一種不安。漸漸地，工作變成一種習慣，沒有下班，生活等於工作，慢慢培養出這樣的工作狂性格。

另一種情形有可能是，小時候很貪玩。因爲貪玩，沒有去做某件事，闖了禍，而且是大禍，小孩心性上非常後悔，在此之後，發憤圖強，絕不再嬉戲。對於自己之前的貪玩，很可能立下一個很嚴厲的規矩：事情不做完，絕不睡覺。一旦他開始這樣做，做出一些成績來，人家越讚美，變成一種良性循環，正向反應，他做得更起勁。到最後，他也忘了當初這股動力是從哪裡來的，他只知道：事情不做完，不睡覺；或是事情沒告一段落，自己會非常不安。

然而，癌症對漢斯衝擊太大，終於使他自己開始調適，找出生命意義，這樣就是很正向的發展。

「一方面不認爲自己的生命還久得很，一方面要以一種輕鬆的心情去過日子，要放鬆，要適時享受。這是很不容易的。」溫醫師一直這麼認爲。

5. 面模

我們的行為，對外的情緒反應，是過去所有經驗的累積。可能複雜的程度，連自己都不知道，也無所察覺。直到某天，某人，或某事件的觸動，造成我們情緒極大波動：恐懼、憤怒、慌張、抗拒。我們才恍然大悟：過去或許自認的微不足道事件，竟然在心底深層不知不覺生根、發芽、茁壯、開花、結果。要找出負面情緒源頭，要先找到根源，切斷聯結，才能讓負面情緒減到最小。

安妮在五年前開腦，取出腫瘤，診斷爲良性，所以不需進一步治療。

兩年前，腦瘤細胞跑到脊柱，長在腰椎，問題大了。

這是四十五歲的她第二次手術。經由手術，把轉移到腰椎的良性細胞拿掉，之後也沒有再接受進一步治療。

去年十一月，安妮發現走路漸漸困難，立刻回診，電腦斷層與磁振造影都顯示：脊柱的良性瘤細胞又繼續長大了，壓迫神經，造成行走不便。於是再度手術，但這回病理報告出來，幸運之神沒有再度眷顧她——腫瘤轉爲惡性。

溫醫師接到這位病人後，從磁振造影發現安妮整個腦部的脊髓液，還有整個脊柱，從頸椎、胸椎、腰椎、薦骨，都有癌細胞，因此，要照射的部位，包括腦部和脊柱全部，是放射腫瘤科最複雜的照射法之一。溫醫師溝通完畢，取得安妮同意，準備隔天進行模擬照射。

第二天早上，安妮依約來到醫院。簡短寒暄後，模擬照射開始。

如果模擬照射做得不好，日後治療會受影響。所以溫醫師必須非常小心，一方面是怕有些部位沒有照到，一方面又擔心有些部位照射劑量過多。脊柱是很重要的器官，稍一不慎，會造成病人半身不遂。

安妮平躺，臉朝下。整個腦跟脊柱分三部位來照。放射技術師雙手捧著像果凍一樣的膠狀面模，慢慢走著，好像端一碗隨時會灑出來的熱湯般小心翼翼，步步爲營，面模在他手上晃來晃去，安妮覺得很新鮮有趣。

面模是爲了固定治療部位，以便照射時保持身體完全不動。其原理是利用塑膠在溫度超過八十度時，極度柔軟，可塑性高，讓它稍微冷卻，罩在臉上，形成臉形。等面模溫度回到室溫，固定成形，就有了臉的模型，再用螺絲固定在治療檯上，以固定病患頭部。發明面模的人，申請專利，獲利極高，因爲以放射腫瘤科而言，面模消耗量很大。

當放射技術師要把面模往安妮臉上按時，她下意識抗拒，用力搖頭、雙手亂揮。溫醫師知道，第一次做這樣頭形模具的病人，或多或少會不習慣，於是再次向她解釋：「面模無毒無害，也不會有任何不舒服的感覺，壓在臉上不過是像把熱毛巾往臉上敷一樣。」

安妮坐著休息，深呼吸一下，隨即躺下。放射技術師小心翼翼把面模靠近她，但還沒碰到臉，安妮又極度抗拒，立刻從治療檯上坐起來，這樣一來，她無法被固定。溫醫師只好暫停，思索著要不要繼續進行。

安妮微覺不好意思，請溫醫師再試一次。這次面模是壓到臉上了，但一壓上去，她很緊張，受不了，立刻站起來，溫醫師只好拿下面模。

後來又試一次，情形還是一樣，放射技術師先離開了。

「不好意思。」安妮有點不自在。

「沒關係。」溫醫師表情很輕鬆，企圖緩和安妮的情緒。

「是不是有什麼藥物，可以讓我心情穩定下來，接受模擬照射？」

「嗯，藥物有很多，也很有效，但先不要跳到藥物，先想想辦法。」溫醫師明白，被面模罩住，全身不安，這可能是「幽閉恐懼症」。

「安妮，我個人學打坐，而且對於心念的運作，頗有掌握。是不是讓我找出妳如此懼怕的原因？」

分析是爲了找出原因，找到原因就是跟它和平共存，和平共存之後就有機會戰勝。

當然，這不是溫醫師的工作範圍，應該是精神科醫師或是心理治療師的工作。但他認爲助人不是責任，是一種讓自己更愉悅的生活方式。

而對安妮來說，她完全不排斥找出內心恐懼的原因。溫醫師緩慢的語調、誠懇的語氣、渴望助人的眞誠眼神，在在都令她有一種安全感，這種安全感固然是因爲幾次醫病互動下來累積的良好印象，更彷彿遇到一位老朋友，可以很輕鬆自然分享一些事。

安妮喝了一口水，慢慢地說：「雖然只有罩住頭部，但那種感覺就像你整個被包住，無法逃開，馬上就產生很大的恐懼。」她顯然認爲這是最不愉快的經驗。

「這種沒有辦法逃開、被包住的壓迫感和恐懼感，以前有過嗎？」

「如果要問第一次發生這種恐懼，應該是二十二年前，那時我正在參加考試，證券交易師的執照考試。」

原來安妮是一個非常優秀的證券交易師，但她沒有執照。她那些同事，沒她那麼聰明、資歷不如她的、比她更不用功也沒她學得好的，卻早已取得執照；當然，有些人不擅考試，一考就失常。有些人則是「考試型」，平時表現還好，一考試必有超水準演出。

安妮越怕，就越不願面對。身邊朋友紛紛勸她：「沒有問題，妳考，一定過。」「妳只是太緊張了。」「妳太在意了，別在意。」「妳一定會過的。」不勸還好，越勸安妮得失心越重，心理障礙越深：「萬一我又沒過，怎麼辦？比我差的都過了。我要是再不過，很丟臉。」越這樣想，越怕去考。

溫醫師問：「妳願意說一下證券交易師的考試情形嗎？因爲我沒考過，想聽一下，增加了解。」

「那一年，我下定決心，準備好好去考，鄭重告訴自己：這次一定要成功。一進教室，主考官說：開始考試，大家不准隨便走動或任意離開，直到時間終了，所有人考完爲止。」

這幾句話，就把安妮的心整個綁在一起，讓她發生恐慌症。毫無預警，突然很不舒服：心跳加速、全身冒汗、呼吸淺而急，全身發抖，注意力無法集中，最後只好離開考場。這是一個很大的打擊，從此之後，恐慌症不斷發生。

「那時妳的感覺，」溫醫師問，「我的意思是，妳走進教室後，是什麼感覺？」

「我只知道自己走進了一個教室，就是不能離開，不能逃走。」

「不能逃走？不能逃走可以留在原地啊。爲什麼不能逃走會讓妳這麼緊張呢？」

「我也不知道，緊張就是緊張，我說不出原因。」似乎很理所當然。

「是不是妳想起了什麼事？」

「也沒有想起什麼特別的事吧？就是很緊張。」

「回到妳剛剛說的好了。緊張是因爲不能逃走。那妳覺得，如果一逃走就會發生什麼讓妳更不愉快的事嗎？」

「嗯，媽媽從小要求完美，全部的考試都要A⁺，沒有A⁺就會受到嚴厲的責罵。責罵之後是處罰，所以我從小非常用功，深怕考試考不好，我有一個姊姊、一個弟弟、一個妹妹。姊姊也是超優秀，無形中也形成壓力。而我又要做弟妹榜樣，所以是雙重壓力，逃不開也甩不掉。」

原來害怕面模是因爲想起了進考場被「罩住」的感覺，而再追溯，這種進考場的龐大壓力感來自媽媽。

溫醫師繼續往上追：「如果妳辜負了媽媽的期待，會怎樣呢？妳覺得自己會有什麼反應？」

安妮回憶：「我的雙重壓力，就是來自我的家人。我承受著壓力，上了大學。念了兩年，就不念了，決心到紐約闖天下。媽媽當然很失望，因爲我完全背離她的期待。到了紐約，爲了證明自己不像媽媽想的那麼糟糕，我開始嚴格自我要求，那是一種苦行僧、自虐式的自我要求，每一件事都要做到完美。一不完美我就非常不安，我自己不知道不安的來源，但就是很容易比一般人感到不安。」

溫醫師輕輕點了點頭，聽安妮繼續說：「今年年初，我再度挑戰證券交易師的執照考試。我告訴我自己，這次我不能再考砸了。我眞的不能。家裡每個人，周圍每個人，都在談這件事，好像他們只關注這件事。再考砸了，我就是失敗者。你能想像連續六年沒考上嗎？六年，太荒謬，太……可悲了。我好矛盾，一方面我拚命想證明自己可以通過考試，可另一方面我不想再花一天的時間去考試；因爲，萬一又失敗了，那只是再一次向所有的人證明自己有多可悲罷了。」

面對不可知的未來，尤其在考試的節骨眼，越不想去面對，就越害怕去面對；越害怕去面對，就更不想去面對，惡性循環，永無止境。考試這種事，不管資質多優異，不論準備多充分，沒有人可以百分之百說結果就跟自己原先預料的一樣。

「安妮，妳的情況讓我想起台灣早年的大學聯考，家長對孩子期望很高，使得孩子考完之後，很多人到了三十歲、四十歲，甚至五十歲還在作惡夢：考試要到了，怎麼辦，我還沒準備好，很緊張。」溫醫師放慢說話速度，「家長要求孩子有好表現，是很正常的。如果是在孩子容易緊張、恐慌的情況下，千萬不可有絕對態度，因爲一旦要求絕對，對孩子心靈傷害很大。整個心會好像被綁住，當然就產生恐慌症。」

聽到這裡，安妮心情稍微放輕鬆，「我外公是一個很嚴肅，對子女要求很嚴格的人，我媽媽深受其影響，所以任何事都要求完美，不到完美，就會非常不安，極度痛苦。我外公超嚴厲，很可怕，眼一瞪，小孩就很緊張。」

溫醫師點點頭：「可怕的不是責罰，是未知，不知道自己等一下會遭到怎樣的處罰。那種未知造成的不安和恐懼才是最折磨人的。父母親的行爲在小孩身上會重現，妳的媽媽受到嚴格家教，自我要求完美，結果就是，媽媽對妳也要求完美；演變下去，妳要求自我完美。」

言談至此，安妮對溫醫師說：「原來我這麼怕被戴上面模，是因爲想起以前考試，走進教室，那種被罩住、不能離開的感覺。」

「那妳覺得，考試的壓力，爲什麼讓妳不敢、不願意戴面模？」

安妮想了一下，回答說：「考試這件事，迫使我在瞬間去面對，而且一定要面對我最懼怕的不完美。如果考不好，馬上把自己貶得很低。事實上，是過去被媽媽貶低的經驗一直在，所以即便是媽媽不在身邊，壓力依舊，被貶的挫折還是在、無法承受……」

「念頭是一個念頭帶到另一個念頭的。」溫醫師忍不住打斷，補充說明。

「對。經你這麼一說，我很同意。剛開始，面模套上去，那種被罩住的感覺就像我以前考試的時候進考場被關住的感覺；被關住的感覺又讓我想到當年離家，大學輟學、辜負父母親期望的過程；辜負雙親又使我想起成長過程的自我嚴格要求，期待落空的傷害，慢慢追溯，我好像就找到自己這麼害怕被戴面模，那種整個被罩住可怕感覺的原因。」

溫醫師點點頭，安妮又說：「你所謂一個念頭帶到另一個念頭，大概就是我剛說的那樣吧。」

「正是。兩個念頭之間中間的線，稱爲繫縛，繫縛越強烈，反應時間越短。一般人套面模不會怕，是因爲『面模』和『恐懼』之間沒有任何聯結，當然無從怕起。而妳，過去被關在考場的壓力把『面模』和『恐懼』連在一起，妳當然會怕套面模。」

「像我這樣，面模一蓋上我的臉，我馬上起情緒反應，可見繫縛很強。我的臉一被罩住，我一下子就想起過去被關在考場的不愉快經驗，反應非常強烈。」

「繫縛越少，越容易在第一念頭引發第二念頭時，用抵制的方法切斷。」溫醫師補充。

安妮若有所思，不發一語。

溫醫師讓她沉殿、消化。因爲他知道，意念經過導引了之後，中間繫縛會變淡，變淡了之後安妮就比較自在。如果再繼續，可以把中間的繫縛完全切斷，讓她完全不會恐懼。但那要花較多時間，因爲必須把過去所有與恐慌症發作的有關經驗，每一個都讓它浮現出來，一旦浮現，繫縛變淡，變細；變淡變細，要切斷就容易。切斷繫縛，一個念頭不會和另一個念頭聯結，聯結不生，第一個念頭雖然產生，但是它無法引出下一個念頭。

溫醫師再補充：「中國有句諺語：『一朝被蛇咬，十年怕草繩。』爲什麼會怕草繩？是因爲看到草繩就想起被蛇咬的恐怖經驗。一般人看到草繩，根本毫無感覺，更別說怕，因爲沒有東西把自己和『怕』聯結在一起。可是被蛇咬過的人，看到草繩，想到被蛇咬過；一想到被蛇咬過，極度害怕。是『被蛇咬過』這個經驗，把『人』和『怕』聯結在一起了。要切斷聯結，就一定要先找到聯結。」

大約半小時後，溫醫師把面模放上去，安妮就不再那麼恐懼。她已經到了可以控制自己恐懼的階段。但要到念頭完全不生，毫無恐懼，非常自在，宛若無事，很不容易。因爲心的運作，太複雜了。

終於順利取了模子，安妮如釋重負，心情輕鬆，但更多的是驚喜，似乎完成了一件前所未有的大事，氣象一新，境界不同。

安妮笑了：「這種『逆溯法』，還眞不賴！」

「我們的行爲，對外的情緒反應，是過去所有經驗的累積。可能複雜的程度，連自己都不知道，也無所察覺。直到某天、某人，或某事件的觸動，造成我們情緒極大波動：恐懼、憤怒、慌張、抗拒，我們才恍然大悟：過去或許自認的微不足道事件，竟然在心底深層不知不覺生根、發芽、茁壯、開花、結果。要找出負面情緒源頭，要先找到根源，逆溯回去，切斷聯結，才能讓負面情緒減到最小。」

「你不妨出書，把幫助別人的經歷讓更多人知道，分享出來。」

溫醫師淡淡一笑：「我個人因爲打坐的關係，這方面很有心得。剛剛是『導』，導引妳的心念。讓自己看見情緒不安的源頭，找出原因，把它化掉。如果把情緒比喻爲大浪，大浪之下有無數暗流，暗流就像小氣泡。所謂的導就是：每找到一個相關的念頭，一小股的暗流就被化掉。無數的念頭經過導，暗流就越來越少，所以浪就變小，浪越變越小，就變微波，導到最後，念頭不生，風平浪靜。」

「如果照你說的原理，自己有任何負面情緒，不管是生氣、沮喪、害怕，都可以慢慢往上追，然後找到源頭，切斷聯結？」

「是啊！找到造成心念起伏的原因，切斷聯結。讓自己的心更平靜，減少負面情緒。」

「這樣啊，以前實在沒聽過。」安妮既覺新奇，又感欽佩。

「所謂到最後只看事情原貌，當面模蓋上來，只是『面模蓋上來』這單純事件，妳不會再聯想到以前進考場被關住的不愉快經驗，其他所有情緒反應，都是多餘。」

「眞不容易呢！」

「是不容易。人所有當下情緒的反應都不是單一原因的，是過去到現在各種情境一直累積，直到因緣和合，觸動之後發生現在這種情緒反應。我經常幫助病人，心念導引，回溯心念，往上追，看看自己會有這麼大的情緒反應，深層原因究竟是什麼。在過程中，許多人領教了一生嚮往卻難以達成的美事：重建心靈。」

「重建心靈？怎麼重建？」安妮眼睛一亮。

「人們在很多事上寬恕別人，但在某些特定的事上很少寬恕自己。這樣對自己太嚴格了，沒有任何好處。透過心念觀想，想想自己爲何有如此大的情緒反應，如此一來，我們也想通了一個道理：寬恕別人，其實是放過自己，讓自己不要一直陷在那樣的仇恨情緒中，那眞的太痛苦了。」

「或許吧，在你看來，寬恕他人是一種榮耀，但很多人並不需要這種榮耀。」

「那我爲何要因爲別人不能理解或接受，而去改變我認爲對的、有意義的事呢？」

安妮和溫醫師相視一笑。

看得出來安妮已經釋放很多。這一條聯結面模與過去考試的線，大概被化掉三分之一，但還有三分之二在那裡。

「如果要繼續諮商下去呢？」安妮很有興趣。

「那我要收費了。」

兩人又相視而笑。一般醫生都是講治療的技術性，病是怎麼發生，應該怎麼治療，很少醫生願意深入病人內心。不願深入的原因可能是醫生認爲那不是他的專業，又或是病人根本不願意講。

「每個人或多或少都需要幫助，需要有人拉他一把，扶他一下，確保他沒事。確保他準備好，可以繼續走下去。」溫醫師如此相信。

6. 真相

我們都以自己的方式來理解這個世界，
並認為那種方式是正確的。

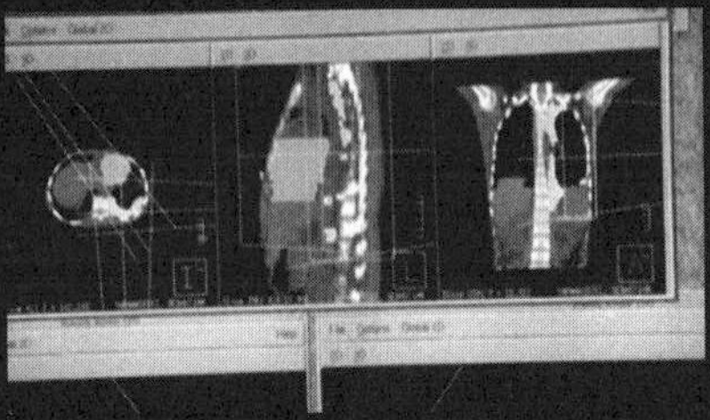

晚上，溫醫師照例沏一壺好茶，靜靜閱讀。

書房電話響起：「溫醫師，我是曼斯德的爸爸，他又住院了，因爲癌細胞又長回來，醫生正在幫他開刀，開完刀會在加護病房待一個晚上。」

電話那頭傳來費南多的聲音，雖然急促，但還算平靜。溫醫師想，也許費南多早就知道孩子的癌細胞會有復發的一天，所以心理有準備，語氣才可以這麼不焦躁。

但是，永遠有準備，也永遠準備不完，因爲再怎麼準備也無法讓自己的心，少痛一點。

電話中，溫醫師了解狀況，略加安慰後，掛上電話，回憶起曼斯德第一次來找他的情形：

十歲的小病人主訴頸部與背部會痠痛，二○○五年六月，診斷確定，曼斯德得了腎臟癌，脊柱受到癌細胞壓迫，嚴重的時候會下肢癱瘓，大小便失禁，屬外科急診。

馬上送進開刀房，打開脊柱，清除癌細胞，使脊柱不再受壓迫，促進血液循環，保持運動功能。一般這種手術，很難把癌細胞拿乾淨，所以做完之後往往需要進一步的放射治療。

一年之後，癌症復發，曼斯德的左腎摘除。周邊組織看起來乾淨，追蹤治療。沒想到，左腎腔的外側，又長了一個很大的腫塊。十三乘以十公分大。罕見的巨大腫塊，外科醫師不敢拿，送到放射腫瘤科，詢問能否做放射治療。

一般來說，這麼大的腫瘤，放射治療效果有限。溫醫師告訴費南多夫婦：「我會盡最大的能力。因為附近組織以前被放射治療照射過，所以如果要再度照射，困難度會很高，而且容易有併發症。不管怎樣，我先治療。」

二〇〇六年初，經電腦追蹤發現，復發的部分又變大。四月開刀，把所有癌細胞拿掉，曼斯德被送到美國國家衛生研究院做化學治療。期間，溫醫師一直有跟曼斯德及其雙親聯絡。

隔天一早，溫醫師來到病房看他的「小」朋友。

「溫醫師，你好嗎？」開完刀的曼斯德，大眼睛一眨一眨，雙眼晶亮，清澈無比，凝視之下，幾可見自己影像。難怪有人說，透過小孩的眼睛可以看到自己的靈魂。

醫生都還沒開口，曼斯德先反問醫生好不好，一般小孩比較少這樣。費南多夫婦從古巴來到邁阿密，爲了治療小孩，費南多勉爲其難找了一個工作，暫時住在小舅子家。

溫醫師跟曼斯德聊天之後，發現他反應奇快，聰明絕頂。

「溫醫師，你喜歡籃球嗎？」

「你是說打籃球？還是看電視轉播？」溫醫師是教授兼主治醫師，平時很忙，不管是打籃球或看 ESPN 體育頻道，都不太有時間。

「我很喜歡打籃球。」曼斯德臉上閃過一絲光采，「我的命中率幾乎百分之百，眞的，沒騙你。」

「哇！那很好。」

「我一天打六到八個小時的籃球。」

溫醫師笑了：「一天打六到八個小時的籃球？你是職業球員？你打 CNBA 嗎？」

輪到曼斯德笑了。他知道繼 NBA 之後，WNBA 是女子（WOMEN）NBA，溫醫師說自己打 CNBA，是 NBA 的 CHILDREN（兒童）組。他喜歡籃球，瘋狂投籃，所以越投越準。他的運動功能其佳無比，是天生的運動員。可是脊柱手術之後，運動功能降低，每次投籃都會痛。

「我以後不能打籃球了，對不對？」曼斯德忽然問。

溫醫師的心揪了一下，想想，先岔開話題吧，「你最喜歡哪一位球員呢？」

「湖人隊的大前鋒何瑞，」又補充說，「他現在轉到馬刺隊了。」

「他也跟你一樣，投籃神準嗎？」

「何瑞比我準多啦。你知道嗎？他有一個女兒，叫艾旭莉，跟我一樣，也生病了，在休斯頓的小兒科治療中心治療，她的病也很難治。」

原來曼斯德的老師出了一項作業，題目是「我最喜歡的偶像」，可以是電影明星、政治人物、歌星、運動名人等。每個學生要蒐集資料，上台報告。
溫醫師一邊專注聆聽，一邊問：「你知道他們家的故事嗎？」他不催曼斯德，讓他自己慢慢說故事。
「嗯。」曼斯德應了一聲，然後很有精神地說：「艾旭莉是何瑞夫婦的第一個孩子，她出生時，被判定缺少部分染色體。醫生說，那是很嚴重的病。當時何瑞夫婦嚇到無法說話，不敢對這小生命有所期待，甚至不敢爲她取名字，因爲他們認爲，小孩的名字似乎不會用很久。艾旭莉出生後，有長達半年的時間都在醫院裡度過，直到現在，還是得常回院治療。」
溫醫師想，還是得常回院治療，難怪曼斯德說她跟自己一樣。
「現在的艾旭莉已經可以推著四輪車輔助走路，就像老人一樣。但對她而言，這是很辛苦的動作：她必須慢慢地讓身體往前傾斜，然後慢慢推動四輪車，在醫院復健部的專用斜坡道上，吃力而緩慢地前進，何瑞夫婦總是在她後方，充滿擔心，充滿期待，也充滿喜悅。」
溫醫師知道艾旭莉的病是一種兒童罕見重症，父母必須非常小心地照顧，因爲她的身體非常虛弱，必須緊緊跟著她；然而，再怎麼小心，這小女孩一輩子也許都不會像其他小孩一樣活潑了。

正想著，曼斯德又繼續說：「何瑞太太說，這就是人生，我會面對它的。每個星期二，她會開車送艾旭莉到休斯頓的小兒科治療中心。當車停在醫院停車場時，艾旭莉開始哭，何瑞太太抱著她，乞求她下車，但艾旭莉拒絕下車，停在他們車後方的車輛，望者前頭的車並猜想著：他們到底下不下車呢？」

「這就是人生，我會面對它的。」癌症與家屬常說的一句話，從一個十歲小男孩口中轉述出來，力道還是那麼震撼。

曼斯德看了溫醫師一眼，溫醫師點頭嘉許。曼斯德說：「何瑞覺得，不只是復健，平時的日子對艾旭莉而言也很難受。比如假日，家裡總會有許多親戚來訪，孩子們到處跑來跑去、高聲玩耍，而何瑞夫婦能做的，只有告訴艾旭莉其他小孩子正在做什麼，但艾旭莉卻無法做同樣的事情，這種日子使何瑞比艾旭莉更難過。」

溫醫師知道曼斯德爲何特別講這段，因爲他手術後不能打籃球了，看到同齡小孩在運動，一定很羨慕。

「何瑞的難過並沒有維持太久，因爲門外的溫暖總不斷傳進來。何瑞說，街坊鄰居都知道艾旭莉的情況，也都把艾旭莉當成是自己的小孩一樣，摸摸她，親親她的額頭或臉頰。」

溫醫師點點頭，重症病童會受到周遭人更多的關愛與疼惜，那是給父母最大的鼓勵和支持，但有時又的確讓父母更難過。

曼斯德繼續說：「何瑞太太則不認爲很多孩子來她家，會讓艾旭莉更不快樂。她認爲艾旭莉總是很快樂，其實艾旭莉無法分辨自己跟那些小孩子有什麼差別，何瑞太太認爲這樣也好，她可以更平靜地照顧艾旭莉。」

這眞是溫醫師診間最奇特、最令人感動的景象之一。癌症病人的故事本來就是很感人的；但是，由一位十歲癌症病童說出另一位重症病童的故事，更令溫醫師心中有著難以言喻的異樣感受。

溫醫師心中很清楚：如果你十歲得癌症，切除一個腎，開過四次刀，身上掛著一顆十三公分的腫瘤，做過化療、做過放療，你不可能是十歲了。

曼斯德已經夠大了，會自問「爲什麼是我？」；但是，他的偶像，NBA明星球員何瑞的一句話讓他停止了問題：「好吧，就喜樂地接受吧。」

接受吧。雖然曼斯德完全不知道自己爲什麼要跟別的小孩子不一樣；他的父母爲此傷心，多希望曼斯德經過治療，還是可以跟其他小孩子一樣，但也許這就是上天給的，因此曼斯德的父母也接受一切。

溫醫師輕輕拍了一下曼斯德的肩：「謝謝你說這麼好聽的故事給我。曼斯德，你知道嗎？如果我是你老師，我一定給你的報告最高分。你是在湖人隊的網站上看到這個故事的嗎？」

「是在何瑞的網站，《洛杉磯時報》的網站也有。」

蜜拉貝兒是曼斯德的媽媽，在過去四週療程中，與溫醫師互動密切而良好，非常信任溫醫師。蜜拉貝兒每一次來，說話都小小聲的，眼眶紅紅的。講到傷心處，忍不住啜泣，一直拜託溫醫師，希望可以治癒曼斯德。

「我們只能把它控制，希望可以控制得越長、越久、越好。」溫醫師安慰她，「醫生不會許下自己達不到的承諾，但我可以很肯定告訴妳，會詳細告訴妳所有的狀況，也會建議最好的治療方式。手術後，恢復是需要時間的，是一種學習的過程，你們夫妻需要耐心，幫助曼斯德，沒有雙親的支持他一人無法辦到。」說話的同時，溫醫師更注意到，瘦弱的蜜拉貝兒，手臂有明顯瘀青。心中微微覺得奇怪。

又過了一段時間，溫醫師開始教曼斯德打坐的方法，他想：「曼斯德很聰明，現在外科手術、化療、放療都試過了，曼斯德體內還是有一堆癌細胞。在所有可用的方法都用了之後，試試打坐，應該不錯。」

打坐與佛學講的「觀身」，有異曲同工之妙。在觀身過程中，把整個身體慢慢放掉。於是，在溫醫師的教導下，曼斯德開始練習觀身：從手指到手掌，到前臂，到上臂、肩、頸、頭、臉、胸、腹。有「小周天」、「大周天」兩種方法，溫醫師耐心解釋。

曼斯德學很快，直接在門診部練習「小周天」靜坐初步：

食指↓腕↓肘↓肩↓頸↓頭↓前頸↓胸↓腹↓丹田（丹田在肚臍下方四個手指寬，往腹腔內十公分處。其實丹田是意念的觀想，非實體的存在，有人說如米粒大小，有人說如錢幣大小。這都不重要，重要的是觀想。在丹田觀想越久，對觀身過程越有幫助。尤其像打太極拳時，丹田帶動全身，有很大功效）↓會陰（會陰是指所有陰氣會合的聚點。男性在肛門與陰囊中間處；女性在肛門與陰道中間處）↓尾椎骨↓後薦骨↓尾閭↓腰椎↓胸椎↓順著腋下↓慢慢經過肩↓肘↓腕↓走到手指↓小指↓無名指↓中指↓食指↓手掌。

曼斯德非常投入，這樣走一圈，他自己感到整個氣血忽然活起來，胸部裡面一陣熱。「哇噢！」他太驚喜了，身體從來沒有這樣的感覺。

有了第一次容易進入打坐境界的經驗，曼斯德非常認真。可能是因爲他天生運動細胞好，學起打坐也特有天分。

二〇〇六年九月，曼斯德複診，檢查結果：腰部腫塊全部消失。溫醫師也非常意外，十三公分，那麼大的腫塊，經過四週的放射治療，絕對不可能消失無蹤。看到溫醫師如此驚喜，曼斯德也告訴他，父親有特地去找另類療法。溫醫師想，巨大腫瘤竟可在短時間內迅速縮小，或許是免疫法、靜坐，加上放射治療，三種功效全部發揮出來的結果，他也爲曼斯德高興。於是溫醫師又教曼斯德「大周天」的靜坐方法。觀想一個部位越久，該部位的氣血越旺：

手指↓手掌↓腕關節↓前臂↓肘關節↓上臂↓肩膀↓後頸↓後腦杓↓頭的頂端（百匯：所有陽氣集中的聚點）↓前顎↓兩頰↓舌尖（微頂上顎）↓前頸↓胸部↓腹部↓大腿外側↓腳的外緣↓到第五腳趾（最小）↓順著第五、第四、第三、第二↓大腳趾↓腳的內側↓小腿↓膝蓋↓大腿內側↓會陰↓尾椎骨↓尾閭↓腰椎↓胸椎↓順著腋下↓慢慢到小指↓無名指↓中指↓食指↓手掌。再重新開始。

九月過後，聖誕節馬上到了，溫醫師買了禮物，打算去曼斯德家。那天，他特地挑了會翻滾、旋轉的電動玩具跑車送他，曼斯德開心極了。

好不容易跟曼斯德碰面，溫醫師又教他太極氣功：「站樁抱球」。如果把氣血弄得通暢一點，可以活絡全身。先練「起手式」，調和呼吸與身體肌肉。但是曼斯德背部經過手術，很多姿勢對他來說很困難，所以溫醫師試著以比較簡單的方式向他說明。

又講解了一些要訣，溫醫師發現費南多和蜜拉貝兒一直沒出現，於是告訴曼斯德：「你慢慢練功，如果背痛或腰痛就不要繼續，千萬別勉強，痛就停下來，玩車子。」曼斯德用力點頭。

溫醫師走到客廳，蜜拉貝兒也從廚房來到客廳。他覺得她稍微瘦了，手上還是有瘀青。蜜拉貝兒注意到溫醫師已經不只一次看著自己身上的傷，溫醫師不說，是等自己說出來。她顯得有點不自在：「我打掃的時候，不小心撞到桌角。」

雖然身為腫瘤科醫師，但溫醫師深厚的醫學訓練、專業的醫學知識、與那麼多癌症病童家屬接觸，在在都使他認爲：那不是打掃受傷的。蜜拉貝兒是被揍還是眞的單純打掃受傷，絕逃不過他的雙眼。

溫醫師懷疑費南多對蜜拉貝兒家暴。有些施暴者打對方時，從不打臉，只打對方的後背跟側腰。這個家庭的情形，溫醫師是很了解的：費南多失業，常和蜜拉貝兒起衝突，爭執不斷，費南多體格壯碩，令人擔心蜜拉貝兒的安危。

蜜拉貝兒一再解釋：「手臂瘀青，是在清潔沙發下的地毯時，不小心扭傷的。」

「妳跟妳先生關係好嗎？」

對於溫醫師的一再關心，蜜拉貝兒原先是非常感激，但他一直關切，蜜拉貝兒覺得似乎有點撈過界了。其實溫醫師很清楚父母感情對重症病童的影響，所以才會不斷關切。但蜜拉貝兒開始有點防衛，「你到底想問什麼？」口氣有點嚴厲。

「只是聊聊，關心一下。如果我的問題讓妳不自在，我就不問了。」

「不是自在不自在的問題，我先生對我好不好，跟我兒子病情有關嗎？你為什麼要這麼關心我是不是受虐？」

「我不是做結論，我聆聽，我協助，我建議。我會幫妳，真的。但是，妳要先信賴我。雖然我是腫瘤科醫師，我知道很多機構可以幫助妳，這樣做，不只保護妳，也是為了曼斯德好。人們不該活在恐懼中，恐懼那些原本應該愛我們的人。我們都是為孩子好，避免意外，不是嗎？」

「你永遠都無法避免意外。」蜜拉貝兒很平靜。

溫醫師一再表達關切之意，但蜜拉貝兒言辭閃爍，讓溫醫師更加懷疑。家暴受虐者的言語、表情、應對，還是會透露些端倪，不管再怎麼隱藏，對一個專業醫師而言，他的敏銳度、判斷能力可以得到很準確的合理懷疑。

看著溫醫師，蜜拉貝兒沉默良久，自從孩子生病以來，她在醫院進出多次，知道醫院若懷疑有家暴事件，要立即通報相關單位。如果她再不說，可能會被通報，於是緩緩說著：「我十五歲那年，有一天，我在廚房，嘟嘟忽然進來。嘟嘟是我養的一隻暹羅貓，對我和家人非常重要，我們視牠為家庭的一份子。我看到嘟嘟嘴裡叼著一隻死金絲雀，我一看就知道，那是隔壁史密斯夫婦養的。在他們家後花園的柱子上，掛著漂亮的鳥籠，那隻金絲雀每天愉快地跳來跳去。他們對這隻金絲雀非常好，很寶貝。有一次，那金絲雀生病了，史密斯夫婦的小女兒甚至請假不願去學校。」

溫醫師「嗯」了一聲，很仔細地聽著。

「看到嘟嘟嘴裡叼著那隻金絲雀，我知道嘟嘟闖了大禍，如果史密斯夫婦知道了，一定會通報動物管制局，嘟嘟會被送走。我知道我必須阻止這樣的事情發生，於是我輕輕地從嘟嘟口中接過死金絲雀，輕輕拍了拍嘟嘟，要牠別害怕。然後我把沾滿泥土的金絲雀洗乾淨，再用吹風機吹乾，走到隔壁史密斯夫婦後花園，確定沒有人看見，打開鳥籠，放回金絲雀，讓每個人一看就相信金絲雀是自然死亡的。」

「這樣做，倒也是一個方法。」溫醫師也不禁暗暗佩服蜜拉貝兒的機智。

「那天晚上，我很早就上床睡覺，心想，只要過了今晚，什麼事都沒有了。正想著，我父母來我房間，說史密斯夫婦剛剛來過。史密斯夫婦說，他們家金絲雀在三天前自然死亡之後，就埋在後院；很顯然，不知是誰把牠挖出來、洗乾淨，又放回鳥籠。」

溫醫師輕輕一笑，「然後呢？」

「從那天起我就學到一個很重要的觀念：事實的眞相，永遠比人的想像要來得更離奇、更令人難以置信。」蜜拉貝兒也笑了。

「我還會去看曼斯德，一方面爲父母親打氣，一方面爲小男孩加油。我還要一直鼓勵他，他是非常勇敢的。」溫醫師離開蜜拉貝兒的家，心裡這麼認爲。

7. 回家

這是最困難的決定，對即將死去的人很難，但繼續留下來的人也不容易。死去與活著，容易與不容易，生命中最大的差異竟然可以差這麼小，小到令人難以抉擇。

「你得了癌症。」

六十三歲的馬克教授出了小車禍，以爲到醫院敷個藥，包紮一下，頂多打一針，就可以回家。但一檢查，右大腦中間的顳皮層發現一個異常訊息。再經磁振造影，結果相同。臨床診斷，推測最大的可能是癌症。

緊急送到神經外科開刀，拿掉部分腫瘤。很不幸的，癌細胞是長在運動中樞，難以動刀，如果硬拿乾淨，會半身癱瘓。所以神經外科醫師只拿了部分的組織，接下來就靠化學治療跟放射治療控制。

當溫醫師接到馬克教授時，仔細看了他的病歷，看了幾頁心裡就有底：狀況很不樂觀。

馬克夫人很痛苦，她的痛苦不難理解。老教授得的是一種非常惡性的腫瘤：多形神經元母細胞癌，一年存活率只有百分之五十，五年存活率只有百分之一。多形神經元母細胞癌是星狀細胞瘤（astrocytoma）的第四級。根據世界衛生組織的分類，腦部腫瘤可分爲十類，星狀細胞瘤只是其中一類。這種瘤的分類跟一般身體癌症不同，不像肺癌、膀胱癌、胰臟癌、攝護腺癌依癌細胞轉移程度分第幾期，多形神經元母細胞癌大多不轉移。星狀細胞瘤又依細胞的惡性度分四個等級：第一級（pilocytic astrocytoma）細胞分裂得慢，良性，多好發於年輕人，預後相當不錯，有百分之九十的病人可活超過十年以上；第二級（low grade astrocytoma）也很常見，也較良性，活個五年、十年不成問題；第三級（anaplastic astrocytomas）比較惡性，三到五年；第四級（glioblastoma multiforme）最惡性，一年。所以是以惡性程度來分，而不是以癌細胞轉移狀況而區別。

「我跟先生認識後相戀五年，然後結婚，到今年四十五年，從我跟他在一起算起，總共五十年了。」

雖然痛苦，馬克夫人很平靜，但溫醫師很清楚，這種身遭巨變展現出來的寧靜，有時比哭喊式的歇斯底里更震懾人心。

住院期間，不只是馬克教授現在的學生，以前的學生也來看他，一批一批，沒有間斷，他們都來看教授，一個即便是躺在病床仍威嚴十足的教授。

溫醫師為馬克教授設定八週療程，前四週都很順利，但治療到一半，出現嚴重問題：病情惡化。

療程設定正確，治療方式正確，用藥正確，但結果卻與預期相反。細查原因：馬克教授不想活了。

一百一十公斤的馬克教授，每一次治療對他而言都是一次折磨。由於他左半身已不聽使喚，每天治療時間一到，五名彪形大漢，四人分站兩側，抓他的四肢，一人扶頭，把他從病床扛到轉運床，推到放射腫瘤科，再從轉運床扛到治療檯。治療完畢，再從治療檯扛到轉運床，推回病房。一天一次，一週五次，折騰下來，疲憊不堪。

除了行動不便，更大的問題是排泄。雖然他沒有大小便失禁，可是每次要上廁所，又是另一番折騰。後來護士教他用尿布，馬克教授穿上之後，連下床都不願。沒有人知道他包尿布，可是他覺得大家都用異樣的眼光看他，他覺得自己很陌生，不再是自己認識的那個自己，只是一個「包尿布的教授」。

失去自我，懷疑自我，否定自我，接連的心理狀態，更會表現於外在行爲。雖然病魔纏身，行動不便，但意識淸楚，脾氣仍在。馬克教授知道預後不好，開始反抗，拒絕治療。每每到了治療檯，把固定器拉掉，亂扯管線，大發脾氣；用僅可使喚的右手，猛力揮舞，狂劈手刀。

想到太太，他想活下去，四十五年的婚姻不會也不可能說走就走；想到太太，他不想活下去，以免拖累太太。

「你如何救一個連自己都不想救的人？」溫醫師開始打算著下一步。

馬克夫人自與丈夫認識以來，一直都聽他的意見，從花園該種什麼花，超市買哪一種牛奶，到小孩出生時取名字，不管大大小小事，她就是完全聽丈夫的。馬克教授的責任就是想好答案，然後告訴太太。但是今天，他卻告訴太太一個她難以執行的指令：「我不要接受治療了，希望妳能了解，我想回家。我現在也許不是妳認識的那個丈夫，但我還是有我的決定。」

留不住的人，流如注的淚；在馬克夫人心底深處，時間靜止。

隨著死亡而來的東西，比死亡更可怕。

「我生病以後，一個晚上會醒七、八次，我醒了，也不敢叫別人。每天晚上都這樣，我覺得心好痛，我的人生，怎麼會變成這樣？我卡住了。我壓力很大，因爲身邊每一個人都在關心我，我當然也願意做任何讓他們心裡好受一點的事，我也很努力，但我眞的沒辦法，我做不到，因爲我根本不知道該怎麼做，我不知道怎麼當我自己，因爲我都不認識現在的自己了。」

本來是主宰時間的主體，生病之後，主客瞬間異位，時間凌遲生命。看著老教授，溫醫師眞覺得：他是強者，他是弱者；他在訴說，他在聆聽。

「我住院以後，常常回憶從前的事，那時，我覺得時間過得很慢——我的動作也跟著變慢了。可是我心裡很清楚，我的人生並沒有因此而變長。這是全世界最悲慘的錯覺。」

溫醫師想，在這些日子，馬克教授彷彿看到生命的終點，終點又把他拉回起點。在兩點之間，在生死之外，他漸漸成了他自己最熟悉的陌生人。時間帶走了回憶，回憶也帶走了時間。

夜就這樣深了。

「如果你要死，你會想死在這嗎？」馬克教授依然不合作，拒絕化療、拒絕放療、拒絕吃藥。他的不合作立刻反應在病情上：腦瘤變大，水腫更厲害，壓迫神經，使他行動更遲緩。

病情惡化之後，外科醫師建議做第二次手術。

手術？還是回家？

「我用盡所有方法，只想有尊嚴一點。直到現在我才知道，一個人只有接受死亡，才能擁有生命最後的尊嚴。」

馬克教授的兒子及時趕到，他是一家大銀行的經理，堅持爸爸一定要接受手術。他的信念很簡單也很堅定：「就算生命要放棄我，我可還沒打算要放棄生命。」他的生命哲學可說是扼要卻超強有力：「就算是一只壞掉的手錶，一天也準過兩次。」

始終沒有表達出很明確、強勢意見的是馬克教授的女兒，她是一所大學的副教授。她深愛爸爸，想順從爸爸；但放棄治療，就此回家，又不甘心，萬一有奇蹟出現呢？

馬克夫人不忍心丈夫再挨一刀，繼續折騰。雖然她不知道這樣認爲是對是錯，但她就是不捨。在不忍與不捨之間，天人交戰，飽受煎熬，身心俱疲。溫醫師對她說：「身爲一位醫師，我必須告訴妳，他不是在昏迷的狀態下做的決定。身爲妳的朋友，我相信妳知道怎樣做才是對他最好。」

「堅持一件事不等於那件事就是值得堅持的，結局或許不會像你所想的那麼好。」馬克教授聲音微弱卻堅定。

這是最困難的決定，對即將死去的人很難，對繼續留下來的人也不容易。死去與活著，容易與不容易，生命中最大的差異竟然可以差這麼小，小到令人難以抉擇。備受尊敬的教授，不是不能接受癌症，而是無法承受失去尊嚴；他年輕時受過的傷，造成的痛，折騰的心，並不下於病魔的打擊。只是以前的戰鬥，他都可以靠自己的毅力、智慧、努力，贏得勝利，獲得他人尊敬。但這一次，他遇到一場已知勝負的戰鬥，他正在向結局屈服，他累了，無力改變，也不想改變了。

馬克教授緩緩看了身邊的人，輕輕地說：「我相信死後有一個世界，如果要我選擇，我選那個。我說不出來那是怎樣的世界，但我相信它比現在的這個更好。」

溫醫師不知該安慰教授還是眞有些相信他的話了。

兒子心疼到極點，「爸爸，這些都可以用藥物控制的。」淚水在兒子眼裡轉來轉去，「爸爸，我知道你的想法，我只是，只是……」

「你只是希望我可以留在醫院，這樣可以死得有尊嚴一點，是不是？傻孩子，你不能死得有尊嚴，你只能活得有尊嚴，你懂嗎？我們身體跟機器一樣，無論多精密，一定會故障。也許是六十歲，也許是還沒出生，不管何時，一定會，而且，一定跟尊嚴無關。」馬克教授微微一笑，「我這一生很滿足了，你媽媽，還有你們兩姊弟，是我生命最好的部分。」他停了一會，又繼續：「再說，我也不想讓你媽媽這麼難受了，她爲了照顧我，那麼辛苦，我不要讓她再受罪了。孩子，你愛我，希望我繼續留在醫院，那你就應該懂，我愛你媽媽，所以不想繼續留在醫院了。你懂嗎？你懂，對不對？」

女兒再也忍不住，「哇」的一聲，嚎啕大哭，「爸爸！媽媽！我們回家吧！我們立刻回家！」

不開刀、不化療的馬克教授出院了，住在護理之家。二十四小時全天候照顧，比較方便，太太也可以一起住。

三個月後，馬克教授安然離開了這個世界。

雖然馬克夫人早已有心理準備，但一時之間，還是無法承受痛苦與寂寞。

溫醫師再度聽到馬克夫人的消息，是她主動打來電話。電話裡她談到，當初擔心的問題，像是生活中誰來做決定、出門誰來陪等等，都一一浮現。很多事情做不了主，整天茫然，一直流淚。當她走在以前一起和丈夫走過的路上，想到兩人同樂的往事，在公園、超市、購物街，在每一處地方，她都比老教授生前更感覺到他曾經存在的身影，而如今，雁過長空，影沉秋水，只有憾恨與傷悲。東鶼西鰈，自此分離；單鵠孤鴛，不勝憂愁。

所幸經過心理醫師治療，馬克夫人終於慢慢走出傷痛。

溫醫師介紹簡單的靜坐方法，並問：「有做什麼運動嗎？運動能使人心情變好，是因為運動時，身體會產生一種物質，腦內啡，這種化學物質的功效有如天然的嗎啡，可以讓人變得很振奮，很愉快，就像談戀愛時那種美好的感覺一樣，但是卻沒有嗎啡的副作用。在美國已經有研究中心利用運動來治療憂鬱患者，效果非常顯著，很不錯的。」

「我有在散步。」

「這樣好嗎？以前跟先生，現在會不會……」

馬克夫人笑了，「以前我就是一個人散步啊！」

「嗯，那很好。回到舊習慣，一個人散步。邊走邊想事情，會把事情想得比較清楚，增強個人自主意識，如此一來，有助面對生活。散步是一個很好的心理治療方法，又可以達到運動的目的，我個人向來都是非常鼓勵。依照妳的說法，我倒是建議妳先不要參加那種要夫妻一起參加的活動，儘量和大家一起做的運動會比較好，像是瑜伽、舞蹈、打太極拳之類的。」

之後，溫醫師還收到馬克夫人寄的聖誕卡，她非常謝謝溫醫師對教授的照顧。

溫醫師想：馬克教授已經去了他認爲更好的世界——而那或許是一個現實不太殘酷，夢境又不會太眞實的世界。

8. 天使

「你身上有一種天使的特質。」

「真的？！是什麼樣的特質呢？」

「就是我看到的那樣。」

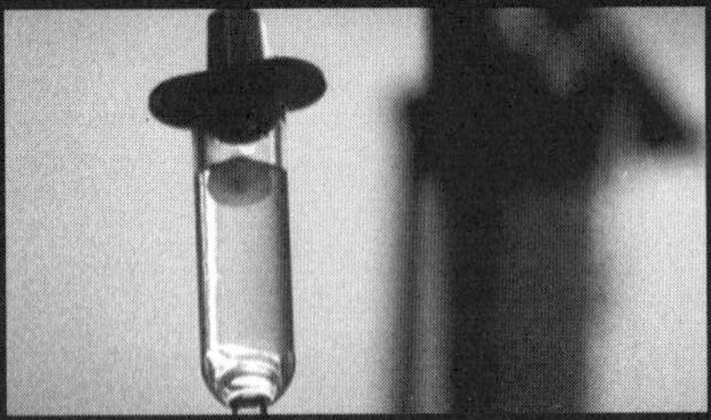

護士貝蒂帶著五歲的凱文，慢慢走進電腦斷層攝影室，裡面很冷，再加上一部白色的大機器，對小孩來說，又多了幾分恐懼。

「各位注意！各位注意！太空船長來了！太空船長來了！」貝蒂牽著凱文的手，大手拉小手，還不斷向男性技術員揮揮手。

凱文需要做電腦斷層攝影，但他一直哭，就是不願意做。男性技術員沒辦法，只好找貝蒂幫忙。貝蒂對凱文說，要坐太空船，船艙只能一個人，要他別怕，因爲太空船長是最勇敢的。

貝蒂是已婚的資深護理師，有兩個男孩。平時熱心，和大家相處得很好。她對小孩似乎特別有一套，所以技術員遇到要拍電腦斷層卻不肯乖乖配合的難纏小孩，都會請她幫忙安撫引導。

做完電腦斷層攝影，凱文還需要做磁振造影。貝蒂說：「凱文，你要不要跟我照相？」凱文睜大眼睛，大力點頭。

跟著貝蒂來到磁振造影室的凱文，好不容易躺在平台上，才推進去開始照，不到一分鐘，因爲機器發出很大的嘟嘟聲，凱文很害怕，動來動去，又不願意乖乖照了。從機器裡推出來後，貝蒂馬上過去，凱文大叫：「妳騙人，哪有這麼大的照相機，而且，照相才不會這麼大聲咧。」

「小照相機是照你的臉，這麼大的相機，可以照你身體裡面的心臟啊、骨頭啊，照一照，就知道凱文健不健康啊。如果健康，就可以趕快回家，如果不健康，就請醫生叔叔把凱文醫好一點，讓凱文早點回家喔。」

凱文一聽到有可能早點回家，才又乖乖躺平。

做完之後，貝蒂摸摸凱文的頭，笑著告訴他：「我也有兩個孩子，我回家要告訴他們，我今天在醫院裡遇到一個全邁阿密最勇敢的小孩。」

一年前，五歲的凱文被診斷出有血癌，經過化學治療，全部癌細胞都偵測不到。誰也沒想到，不到一年，血癌復發。

凱文身邊的人不禁想：曾經擁有而失去，是不是比從未擁有更令人心痛？復發之後，做法有兩種：一是再一次化學治療，希望能控制病情，治癒血癌。可是機率很小，大概只有十分之一的機會。

另一種方法是骨髓移植。骨髓移植目前是治療血液疾病正統且重要的方法，如骨髓性白血病、淋巴性白血病，或是特殊染色體變異的血癌，經由骨髓移植的治癒率可達三分之二；如果僅以化學治療，療癒率較低，且容易復發。

如果要做骨髓移植，第一步，高劑量化學藥品加全身放射治療，把血液裡的白血球全部殺死，但同時，白血球旁邊的骨髓細胞也會受到傷害。殺死之後，打入外來的骨髓。所謂外來的骨髓，來源有兩種，一是親屬，如果親屬沒有符合的，就要尋求骨髓資料庫的協助。

很幸運的，凱文的三歲妹妹可以捐骨髓給他。抽髓過程非常辛苦，捐髓者須全身痲醉，對成人都算是辛苦，更何況對三歲小女孩。南茜心力交瘁，心疼哥哥又捨不得妹妹。對南茜而言，這是雙重心痛：得血癌的孩子，還有捐骨髓的孩子。妹妹是無辜的，本來不用受這種苦，但只有她的骨髓可以救哥哥。

南茜像是喃喃自語般：「他才那麼小，怎麼會得癌症？」

溫醫師解釋：「兒童癌症多以血液腫瘤爲主，其中又以急性淋巴性血癌病變爲多；這是由於小孩子在成長過程中，很多發育中的器官芽細胞經過多次的分裂、基因複製，有時會發生錯誤突變，錯誤的累積就變成癌細胞了。」

「那……小孩的癌症，會比大人難治嗎？」

「由於手術方法、化學治療、放射線治療的進步，近年來兒童癌症的治癒率大大提高，除了最高危險型的白血病，如T細胞或特殊染色體異常等外，治癒率可達七成；早期發現的威爾姆腫瘤（Wilm's tumor），治癒率可達到九成以上；成效最差的神經母細胞瘤第四期，至今仍無把握治好。不過，以前無法控制的病況，如骨頭痠痛、神經痠痛等，如今已較能減少痛苦；再加上各種免疫療法及基因治療等研發中，相信不久的將來，都可用來增加治癒率。」

家裡有重症小孩，原本感情再怎麼好的夫妻都會爭吵，連「誰送小孩去醫院」這樣的事都會吵。南茜只好放棄工作，靠丈夫維持經濟，苦撐著過日子。

苦撐日子的南茜還是全力以赴，唯一支撐她的是信仰，她是基督徒。和溫醫師談話過程中，她一直流淚，因爲凱文曾經問媽媽：「媽，爲什麼我會生病？」她不知道怎麼跟凱文解釋爲什麼會得這種病。她認爲癌症似乎都是老人家得的，小孩子不應該得。她曾問別的腫瘤科醫生怎麼會這樣？這麼小的小孩就得癌症？別的醫生說這是醫學還需要再努力的地方。

溫醫師讓南茜痛苦的感情慢慢流放出來。這很難接受，但厄運總是無緣無故降臨。小孩問：「爲什麼是我？」其實，媽媽心裡才更想問：「爲什麼是我？」

南茜說：「我完全不知道爲什麼我們家會遇到這種事。我只是每天都嘗試做一些事，不管什麼事，只要能帶來希望，哪怕是一點點希望，我都願意去做。這不再是一個『爲什麼是我？』的事情，因爲事情已經發生，就是如此了。記得當我和先生剛得知凱文生病時，我們傷心難過，我知道我的寶貝凱文已經懂事，他也有個願望：想跟其他小孩子一樣，去上幼稚園。但也許這就是上天給我和先生的考驗，我們只好接受這一切，只好接受。」

說完後，南茜雙手十指交扣，開始禱告：「親愛的天父，感謝祢送溫醫師來照顧凱文、鼓勵他，多麼美好又奇異的恩典；溫醫師選擇了最適合凱文的治療方式，他治療兒童癌症的經驗很豐富。請幫助凱文，以祢認爲恰當的方式，讓他康復。」

「妳做對了每一件事，其他的就交給醫生吧，神會保佑妳的。」溫醫師相信，凱文的病情帶給這個家庭並不完全是負面，這個家庭的確面臨許多困難，但卻因此學會如何去感受在治療凱文過程中帶來的任何希望。抱著希望，總是快樂的。凱文使家人更珍惜在一起的機會，也許凱文還不知道他給家庭帶來的意義，但家中的每個人都爲了凱文抱著希望，樂觀面對每一天，而不是什麼都不做，整天以淚洗面。

相對於凱文的妹妹可以捐骨髓救他一命，有些血癌病童可就沒這麼幸運了。有人說小孩是上帝派到人間的天使，對很多血癌末期病童的家長而言，他們心裡都有準備：上帝要把祂的小天使收回去了。

貝蒂在結束一天繁忙的護士工作後，有時會順道去看看病童，跟他們說說話，也拍拍家長的肩，輕握一下手，鼓勵他們。對身心處於極度脆弱的人而言，輕微的肢體接觸或鼓勵式言語，都具有不同意義。

有一次在病房，貝蒂聽到兩個病童在對話。一個說：「我媽媽跟我說，我快要變成天使了。」另一個說：「我媽媽也是這樣說。她還說，小孩子變成天使後，會有一對白色的大翅膀。」先前那一個孩子說：「我媽媽還說，天堂裡有很多白馬，我們來騎馬賽跑，我要看看誰跑得比較快。因爲打從我們認識以來都坐在輪椅上，從來沒比過賽跑。我想跟你比比看。」另一個則說：「好，我跟你比。可以騎馬，又有了翅膀，我就可以飛到任何我想去的地方。我生病以後，好多地方都不能去了呢。」

醫護人員是很少流淚的，如果要流，眞的流不完。貝蒂陷入沉思，一時無法言語。

凱文完成了骨髓移植手術。所謂骨髓移植不同於一般移植手術，而是以類似「輸血」的方式，主要是先對病人的免疫、造血系統，實施「焦土政策」——既然血癌是骨髓幹細胞異常變化所致，因此治療時以極高劑量（高於傳統化學治療劑量）的化學治療，加上全身的放射治療，不分好壞，把骨髓細胞徹底殺個精光；然後在無菌的環境中，將正常健康妹妹的骨髓，經由輸血的方式輸入凱文體內。如此一來，妹妹的骨髓可以在凱文體內再生，發展出一套嶄新的血液及免疫系統，而達到治癒。

未來兩個禮拜是關鍵期，骨髓移植醫療團隊是由腫瘤科醫師、具有加護病房和骨髓移植室經驗的護理人員、身心醫學科醫師、感染專家、消化專科醫師、營養師、社工、志工等專業人員組成，提供移植患者身心關懷，以度過移植關鍵期。

凱文的阿姨跟他很親，有一次，凱文私下偷偷問她：「雪莉阿姨，我晚上會看到媽媽哭。我躺在床上，媽媽坐在床邊，她大概以爲我睡著了。其實，我才沒有睡著，我只是閉上眼睛而已。媽媽爲什麼要哭？是因爲我快要死掉了嗎？」

雪莉看著熟悉的人、深愛的人受苦，心中難過到極點。她只能答應凱文，帶自己的兩個小男孩來看他，一個六歲，一個四歲。生病之前，三個小男生就常一起玩。雪莉不認爲在孩子一起玩的日子裡，凱文會因爲想起自己生病而更不快樂。相反的，她看得出來，三個孩子在一起玩的時候，凱文總是很快樂，其實一玩起來，他忘記自己跟別的小孩子有什麼差別，雪莉和南茜都覺得那是件好事。而凱文也知道，和表哥、表弟一起玩得很開心，就會讓媽媽很快樂。

手術後緊接著一連串的化療，令凱文越來越虛弱，愛漂亮的他，又嘟著嘴撒嬌說，掉髮好醜喔，頭光光的。雪莉安慰他：「做完化療，頭髮就會長出來。」還買了一系列他最愛的整組電動火車，企圖轉移他的注意力。

來醫院之前，雪莉告訴自己的孩子：「你們兩個聽好：如果願意理光頭，我買遙控飛機給你們。」兩個小孩一口答應，滿心歡喜。小孩頭髮長得快，又愛玩，只在乎玩具，而且說不定覺得理光頭很酷；搞不好還以爲這是什麼遊戲，比賽誰的頭髮剃光後長得比較快之類的。一聽到只要剃光頭就有遙控飛機，恨不得多長幾個腦袋來剃光頭換玩具。

很快的，到了雪莉要帶孩子來探訪的日子，南茜也來到癌症病房。雪莉先催促兩個戴著帽子的兒子到洗手間洗手、戴口罩，自己與南茜在病房外談話。

南茜是姊姊，但外貌蒼老，姊妹看起來截然不同，完全無法聯想在一起。雪莉這時才體會到，照顧癌症病童的辛苦，遠比自己想像來得多。看著姊姊這些日子以來的身心煎熬，照顧凱文讓她彷彿瞬間老了十歲，雪莉心疼到說不出話。

其實雪莉不知道的是：經過人生重大創傷，身體所釋放的賀爾蒙會加速老化，就像很多人會因爲壓力、恐懼、擔憂而在瞬間白了頭髮。

雪莉緊緊握住南茜的手，久久無法言語，最後只說：「走吧！我們進去看孩子。」

一進病房，兩個大人看到三個小男孩不約而同脫下帽子露出光頭時，心中太激動，竟說不出話。三個小光頭聚精會神在玩電動火車，完全不理會一旁的大人。南茜和雪莉覺得病房好亮，一下子光線又漸漸模糊，淚水佔據眼眶。

凱文恢復的情形很好，媽媽定期帶著他回診。「南茜說她相信上帝，所以我相信上帝會保佑她。」溫醫師這麼相信著。

9. 遺產

我要忘掉這一切，每天開心。不管是假裝忘記還是自然忘記，我要忘掉發生的一切不愉快，當作什麼事都沒發生過，這是我最擅長的，也是我得癌症後學到的第一件事。

這天上午，溫醫師經過門診部，突然感到脖子一緊，意識到有人從背後強勒，左手環抱身，右手掐脖子。他微微一驚，隨即想：有人在開玩笑，所以完全沒有抵抗，那人覺得很有趣，哈哈一笑，把手放掉，做個鬼臉，說：「我跟你鬧著玩，別介意。」

轉過頭來，剛才的訝異變成驚奇，這個人開的玩笑不會讓人介意，讓人在意的是他的長相。溫醫師想，眼前的人大概是自己所見過最醜的了。

後來經同事告知，他叫保羅，是腫瘤科另一個醫師的病人。保羅在腫瘤科小有名氣，因爲他怪人異狀，奇言妙語，讓人哭笑不得，以獨特風格聞名於腫瘤科，爲自己開拓新氣象。

保羅眞的太醜了。到底有多醜？大家都認爲他做鬼臉的時候可能還比較好看。保羅常說：「我知道我給人的第一印象向來不好。」其實，他客氣了，大家都認爲他給人的第二印象也好不到哪去。

保羅在三年前得了甲狀腺癌，經過手術，放射性碘治療，不幸復發，右邊腋下有個如拳頭般大小的腫瘤。外科醫師認爲已無法由手術切除，所以送到腫瘤科。他本來是溫醫師同事的病人，後來才由溫醫師接手。經檢查，這一次，雖然右側腫瘤沒有變大，但左側腋下又長出六公分大的腫瘤。

「現在要處理左側腫瘤，」溫醫師向保羅解釋，「有兩種做法：第一，高劑量放射治療，但會造成水腫。」

「高劑量會水腫，爲何不用普通劑量？」

「普通劑量只能短期控制，一段時間又會復發。」

「嗯，還有其他方法嗎？」

「第二，手術治療。依我看，你的狀況應該可以用手術拿掉。」

保羅愁眉苦臉：「很多醫師都不願做手術。他們說，因爲我右側還有癌細胞，就算做手術，也只是暫時控制。」

「是沒錯，但我認爲你左側的癌細胞長得慢，手術會帶來最好的生活品質。所以應該先找外科，想辦法以手術拿掉。」

保羅一聽，覺得有理，說：「做完這個，你可以準備去斯德哥爾摩。」不等溫醫師回答，馬上拿起桌上電話。

溫醫師笑了一下，接過話筒，撥打分機。

腫瘤拿掉以後，溫醫師爲保羅做五週療程，病情得以控制；五週來，互動頻繁，他也慢慢更深入了解他這個病人。

五十一歲的保羅，非常聰明，學生時代，成績頂尖，高中時還拿過全美數學競賽第二名，從小到大，不管學什麼都學得很快，他的領悟力、吸收力都是超強。

保羅二十五歲就當律師，二十六歲時，不知名的原因，他開始出現一些很奇怪的行為反應，後來被診斷是「雙極性人格情緒障礙」，他失業了。

失業之後，媽媽感到非常失望，要他立刻接受治療，不得推託。母命難違，保羅接受治療：電擊。不電還好，從此之後，他的個性、思緒，整個人都變了。

有一次，護士要他填資料，其中有一項是婚姻狀況，保羅說：「我單身，單身很痛苦，單身久了更痛苦，前幾天我看見一隻流浪狗，都覺得牠眉清目秀的。」他常常約護士，護士總是說：「改天吧。」保羅覺得當你約一個女生而她回答「等我有空的時候」，那表示太陽燃燒完以後，所以保羅不會再繼續。此外，護士對於他的瘋瘋癲癲，懼而遠之，有點怕他，認為他在性騷擾，能躲就躲。他有時玩笑開過頭，被認定情節嚴重，最後遭警衛驅離。

雖然護士有點怕保羅，但男性技術員很喜歡他，覺得他很有趣。保羅曾說：「你知道賺錢的祕訣嗎？裝作你不需要錢。」有時他諷刺別人，形容一位愛唱歌的護士「歌聲聽起來像手術中途醒過來的病人」；偶爾尖銳中帶著詼諧，算是獨特幽默，他說某一位女性行政人員「很可愛，屬於華盛頓公約第一類保育動物」。

抽血時保羅會跟護士推來推去，不願抽血，也不知是真的害怕針頭，還是故意鬧彆扭逗女生。好在男性技術員多，就由男性代勞。但他一邊抽血還一邊抱怨：「年輕漂亮的護士都不來抽我的血，我這個人最大的毛病就是我不信神，所以神都不理我，尤其是幸運之神。」一般病人在檢驗部門的抽血等候區都安安靜靜坐著，只有保羅大搖大擺，一下跑進櫃檯，一下坐在等候區；一下問等候的病人要不要看報，他叫護士去拿；一下子又告訴技術員空調不夠冷，趕快報修。來去自如，如入無人之境，非常忙碌。

五週療程後，三個月複診一次。左腋下的癌細胞一直控制得很好，但右邊就沒那麼幸運了，只好安排另一波新療程。沒想到兩週後，腫瘤又長回來。溫醫師只有再找外科同事會診，研商開刀拿掉腫瘤的可能性。外科醫生仔細評估後，認爲癌細胞跟周邊組織沾黏得很嚴重，沒辦法拿掉。

無法動刀，溫醫師只好勉爲其難，再度展開另一波兩週療程，這已經是第三次的兩週療程，但還是無法抑制癌細胞。

過程中，溫醫師建議保羅，癌症已經上身，放射治療也無法完全控制，必須考慮做另類治療，包括：飲食控制、心性調整。當然，溫醫師對另類治療有自己的研究，有自己的一套。

保羅興致勃勃，趕緊問是什麼另類治療。溫醫師不疾不徐，緩緩說道：「一個人只要會打坐，可藉由運氣活化細胞。有一位淋巴癌病人，他做過化療，後來自行治療：一早起來，打坐，練瑜伽，減少肉類，多吃蔬果，崇尚自然飲食。就這樣，他的淋巴癌控制住了，而且多活三十年。」

溫醫師還滿喜歡舉這個例子。當所有治療方法都用過，沒有其他方法可行，而且病人也清楚治療失敗，心情極度沮喪，此時只好建議另類療法。但這種另類療法從未被醫學證實，所以，與其說是治療病人，不如說是讓病人覺得自己還在治療中，連醫生都還沒放棄，自己先放棄太說不過去，以此概念激發病人生存意志。但若病人無法接受，亦無法勉強。

保羅聽得津津有味，頻頻點頭，嘖嘖稱奇，擊節讚賞，大有遇到生平知己，相見恨晚之感。於是溫醫師第一步先建議他學打坐，剛好醫院皮膚科有一位夏教授，八十二歲，在醫院附近的教堂教打坐，每週一小時。

夏教授的氣功方式叫「靜功」。對醫生而言，總有一些方法可用；對一個放棄自己的人來說，什麼方法都沒用。

聰明的保羅再怎麼愛開玩笑，也不會拿自己的命開玩笑，他知道什麼東西對他的病情改善有幫助。所以他聽從建議學靜功，可是卻出現了一些很有趣的現象。

夏教授是天主教徒，保羅是猶太人，信猶太教。第一次上課，夏教授開始講解靜功的基本原理，介紹時，常常會把天主教的概念放進去。一講到天主教，保羅就反駁，開始辯論，還質問教授。他嗓門大，言語尖銳，把其他學員弄得很生氣。

吵吵鬧鬧中，一次，兩次，三次，保羅終於靜下來，可以接受夏教授靜功的指示。只是不知怎地，他發功速度其快無比，不到十分鐘就「靜」下去：他睡著了。他眞的睡著了，而且是深度睡眠，還打鼾。鼾聲竟然比辯論聲還大得多，吵得其他學員靜不下來，變成「衆人皆煩我獨靜」的場面，但大家還是很容忍。每次靜功，他就呼呼大睡，成爲該班創班以來，唯一一位醒著和睡著可以同時發出巨大聲響、令人心煩的人。

保羅的例子說明：有些人大腦經劇烈運作，靜不下來。一旦靜下來，馬上出現用腦過度的結果，很容易進入深度睡眠。他在自己家裡練靜功，也滿勤快的。靜功的原理很簡單：血液裡面有葡萄糖和氧氣供給細胞存活，癌症病人的癌細胞把營養搶光了，如果好細胞搶贏癌細胞，搶到營養，好細胞越營養，癌細胞越不容易生存，如此一來，好細胞可以活得比較久，生命可以延長。靜功就是讓氣血活絡，全身巡迴，讓好細胞跟癌症細胞爭地盤，把癌細胞打出去。

除了練靜功，溫醫師更建議保羅，在飲食方面，儘量減少癌細胞生長來源，包括蛋白質、脂肪類，只讓身體接受維護細胞正常運作所需的量。其實這些都沒被證實，但保羅卻樂在其中，奉爲聖旨，認爲死馬當活馬醫，不醫白不醫，還拚命感謝溫醫師。

就這樣一天天過去，保羅在打鼾中，不，在練習靜功與控制飲食中，慢慢自我治療，看起來也較清爽。右邊腋下的癌細胞雖然復發，持續變大，但他不在意，還是活得很愉快，每天嘻嘻哈哈，亂開玩笑。

有一天保羅回來複診，出現黃膽的現象。溫醫師立刻安排電腦斷層，結果發現胰臟頭長一個五公分大的瘤，緊急送外科。外科建議：「要拿掉。困難度雖然很高，但可以試試看。」

開進去，卻發現實際狀況比想像中困難，傷口關起來，又送回給溫醫師。保羅醒來，發現自己挨了一刀，腫瘤卻沒拿，瞪著眼睛問：「你要不要在我身上裝拉鍊比較方便？」溫醫師也不禁苦笑。想到保羅已受前癌，後癌又至，兩癌相侵，當然是苦不堪言。

動刀不行，只好放射治療。但腹部治療比較複雜，因爲有腎臟、肝臟、胃、小腸，這些器官對放射治療比較敏感，沒辦法用高劑量。溫醫師決定幫保羅安排五週療程，希望可以控制住一段時間。

五週療程還是會對周邊器官造成影響，可是長久下來的互動，保羅對溫醫師非常有信心：「不管你說什麼，我們就做什麼，再來賭一把大的！」

於是再度開始另一波療程，因爲跟他感情很好，他也能完全全信賴，所以溫醫師用最複雜的方法治療。越複雜，花的時間越多，流程也越多，可是把疾病控制的機會也變大，對正常組織的破壞較小，算一算還是很值得。

五週治療很快結束了。有一天保羅回來複診，身旁多了一位女黑人，「這是我未婚妻，叫妮可。」

溫醫師一聽，頗爲驚訝：「什麼，你未婚妻？」

「你不恭喜我嗎？」保羅喜滋滋的，「現在都是她在照顧我。你看，她把我照顧得很好吧！」

沒有什麼事是太壞而不會發生，更沒有什麼事是太好而不能成眞。妮可看來才三十歲左右，兩人差二十歲。溫醫師想：她到底了不了解保羅的情況？邁阿密常有一些非法移民，可是他們可以利用結婚取得正式居留文件，留在美國，這大概就是妮可願意跟他在一起的原因。

從海地來的妮可，略通英文。就這樣，他們訂婚了。那段時間，保羅過得非常愉快，容光煥發，彷彿在雲端。他住的地方離海邊很近，所以他每天早上五點起床，帶著心愛的老婆到海邊散步。除此之外，兩人也常一起運動。

幾次放射治療之後，保羅右上臂組織全部纖維化，嚴重水腫，其實那是非常痛、非常不舒服的，但溫醫師想，保羅內心是很幸福愉快的。

越到後期，放射治療後遺症越明顯：吞嚥困難，所以保羅沒有辦法吃固態的東西，只能喝流質物。他很聰明，把很多蔬菜水果、說得出名稱和說不出的植物，全部用果汁機打碎，天天喝自製果汁。澱粉類來源則靠打爛的糙米、燕麥、五穀類，每天這樣吃，也活得滿好。

又過了一個月，保羅再度由妮可陪伴回診，宣布：「溫醫師，我們要去度蜜月了。」

「恭喜啦！打算去哪？」

「開車，從佛羅里達州往北，玩半個月。」

妮可看起來也很高興，溫醫師為她高興，他想：「保羅老了，又沒錢，而且生病。這女的大概就是為了取得居留證明，願意跟他結婚。各取所需，實屬正常。更何況心理影響病情，保羅的確看起來神采飛揚，宛如再造。可能他老婆心裡也在想，反正他也活不久，應該還好。各取所需，說不定比任何治療都有效。」

蜜月旅行，當然要花一筆錢，這可不是住家附近公園隨便走走。保羅請溫醫師幫忙，聯絡監護人——保羅的表哥，也是名醫，在西雅圖開業，相當成功，是擁有六家醫院的大董事長。保羅希望他提供經費，讓蜜月之旅更甜蜜一些。

溫醫師覺得很有意思，問保羅：「你表哥有錢是他的事，你怎麼知道他會贊助你？說不定碰了釘子，影響你的快樂情緒，那不是很不好嗎？」保羅回答，他父母走的時候留下遺囑，留給他一筆錢，放到信託基金，交由表哥保管。所以保羅不是跟表哥要錢，是要表哥把保羅該有的錢給他用一下。

於是溫醫師打給保羅的表哥，告知他保羅的情形，他也很放心，撥了六萬美金給保羅。

保羅眞的去了蜜月旅行。回來之後，眉開眼笑，陶醉甜蜜。妮可溫和善良，跟溫醫師也成爲好朋友，有事她都會來請教，是相當客氣、很有修養的女性。

然而，和所有新婚夫婦一樣，蜜月期過後，問題浮上檯面。保羅開始懷疑妮可並不是眞心想結婚，只是爲了文件，取得居留權。再加上妮可動不動回娘家，保羅懷疑她有外遇，加強監控。

兩人雖然結婚，但因妮可屬非法移民，所以取得文件過程複雜，難度很高；因此，依照官方規定，他們還不算正式結婚。雖然如此，這對夫妻身邊的人都看得出來，妮可倒不是完全爲了取得居留證明，她是眞的還滿喜歡保羅的。只是她已經漸漸受不了保羅莫名其妙的嚴密監控，很反感。一方面，她也非常擔心保羅到底有沒有幫她弄好移民的事，因爲她一直沒有看到正式居留許可。

兩人之間的信任感出現問題。妮可常常打給溫醫師，要他勸一下保羅。保羅也常常打給溫醫師，要他對妮可曉以大義。關係有點亂，本來是各取所需，但各取所需有一個先決條件：雙方所取，皆自我滿足。一旦自己認爲所付出的遠比對方付出更多時，就會心理不平衡，有一種被利用的感覺。兩方都覺得被利用，相處氣氛越來越不愉快。

吵吵鬧鬧中，保羅右腋下的癌越長越大，腫瘤裂開，血膿沿著傷口滲出。後來開始潰爛，極度惡臭，令人無法忍受。溫醫師請皮膚科以藥物、抗生素控制，降低傷口惡臭的濃度。換藥過程很辛苦，由於潰爛，動脈血狂噴，妮可就要趕緊用紗布壓住。

照顧保羅的妮可，必須忍受惡臭，卻任勞任怨，毫無怨言，而保羅的情況已經越來越不好了。

時間非常殘忍，無論是對人或是萬物。

保羅拚了，調理飲食，天天運動。

人的生存力遠大於自己的想像。身負兩種癌症的他一直撐一直撐，熬了很久，溫醫師最後一次見到保羅住院，他完全變了個樣，精神頹廢，說話有氣無力，兩眼空洞，只說了一句：「我輸了。」

溫醫師奇怪：「你跟誰比賽？」

「時間。」過了一會，他又說：「不能讓你去斯德哥爾摩了。」

溫醫師笑了，「沒關係，諾貝爾醫學獎給別人去領吧！」

躺在床上的保羅翻了個身，露出痛苦的表情，顯然連輕輕移動身體都很痛。「我不再害怕了。」保羅緩緩地說。

「怕死？」

「怕活著。原來，知道自己快死的感覺比我想的還可怕。當一個人知道自己快死的時候，活著眞不容易。於是我告訴自己：我要忘掉這一切，每天開心。不管是假裝忘記還是自然忘記，我要忘掉發生的一切不愉快，當作什麼事都沒發生過，這是我最擅長的，也是我得癌症後學到的第一件事。」

「嗯。」

「這些日子以來，我的確比以前更快樂，我也學到很多以前沒學過的東西……」

保羅太虛弱，說到這，一直咳嗽。溫醫師要他多休息，又鼓勵了幾句後，先離開了。

從此再也不見保羅蹤影。半年後，溫醫師都快忘了他，在一次晨間會議後，一位幫保羅開過刀的外科醫師問：「溫醫師，你還記得保羅嗎？他在一個月前過世了。」

「這樣啊，怪不得都沒他的消息。」溫醫師又問：「那他太太呢？現在怎麼樣？」

「他們其實沒有正式結婚。文件沒辦妥，所以他太太還不是法律上承認的太太。」

「那太不幸了，當初結婚爲的就是要取得配偶身份，留在美國。現在法律不承認，什麼都沒有了。」溫醫師不禁感到一絲惋惜。

「他太太是什麼都沒有，但保羅可不是。」

「此話怎講？」

「兩個多月前，有一天，保羅和一位律師來找我，我很驚訝。原來保羅有一筆信託基金，三百萬美金！他想把錢捐出來供癌症研究，所以來找我。」

溫醫師「嗯」了一聲，外科醫生又接著說：「當時我問保羅怎麼不去找你？他說他先找我，然後再去找你。」

其實這個外科醫生大概也知道保羅找他的原因，因爲他跟保羅一樣，都是猶太人，所以保羅相信他，很多法律上的細節、申請文件的準備，溫醫師是東方人，可能較不清楚，保羅當然認爲問美國人比較適當。

原來保羅早就生活無虞，父母親留下一大筆遺產，他每個月不用工作就有好幾千元美金的固定收入。如果用完了，就要等下個月才能支領。不能多領，也不能提早全部領出來；就是一筆固定的錢，讓他生活，直到老死。

很有趣的是，當初溫醫師用最複雜方法治療保羅的胰臟癌，結果一直到他去世都沒有復發。套句保羅的話就是：「賭贏了這一把最大的！」

保羅在生命終點，表現得很平靜。當人們最接近死亡的那一刻，心念最純淨——那是一種無一時刻可比，無一物可比的純淨。

溫醫師相信：「只有受苦的人才知道，要在不幸中保持寧靜，需要時間、愛和支持。」

10. 希望

人們一定會在出乎意料的悲劇裡堅強、
在無法預料的壞事中成熟。
當苦難臨頭，我們會振作起來，
我們就是這樣。

瑪麗安發現五歲兒子丹尼的眼球瞳孔出現白點，原本以爲是緊張或受到驚嚇，後來發現情況越來越不對，帶他到醫院求診。眼科醫師診斷，是「視網膜母細胞瘤」，兩眼都有。

視網膜母細胞瘤是一種極度惡性的腫瘤，大多發生在三歲以下的孩童，約兩萬五千個嬰幼兒會有一例，但多發生於單眼，雙眼的發病率較少見。其病理是因視網膜母細胞在分化成正常細胞的過程中，有時會過度分化成癌細胞；此病症有百分之三十爲遺傳，百分之七十爲後天性。

丹尼有失明的危險，也有失去性命的可能。眼科醫師與瑪麗安討論治療方向，爲了保住丹尼的眼球，先去小兒腫瘤科。又是一連串檢查與詢問，最後的治療方針是開始化療。

經過化療的丹尼，癌細胞還是很大，右眼完全失明，左眼功能只剩二分之一，小兒腫瘤科醫生建議拿掉右眼，左眼接受放射治療。於是，瑪麗安帶著丹尼，來到溫醫師診間。

看著病人病情惡化是最令人難過的事，因爲那跟醫生與家屬的期待相反。

「如果雙眼都接受放射治療，可以保住雙眼，不用拿掉右眼。」溫醫師的一席話，點燃了希望。

「我先生一直不能接受這件事。」瑪麗安一聽到可以保住雙眼，不用摘除眼球，似乎鎮定了不少，「他壓力很大，我看得出來。他最近漸漸不跟我說話了，有時晚上，他還會喃喃自語。」

溫醫師安慰：「其實視網膜母細胞瘤並非絕症，只要發現得早，仍然有治癒的希望。主要有三種方法，一是把眼球拿掉，接受放射治療。二是化學治療，用雷射把剩下的細胞殺死，如此一來可以縮小腫瘤，抑制癌細胞不再擴散。第三種方法是放射治療。以目前醫學水平，這種病症的死亡率已降低到百分之九。」

「當初我發現丹尼眼球瞳孔出現白點，以爲過幾天會消失，沒事了，沒想到竟然是癌症。」

「它早期的症狀就是瞳孔內形成一塊白花的腫瘤，在燈光或相機閃光燈照射下，會有黃色或白色反光，看來極像貓眼，所以這種病俗稱『貓眼』。」

沉默許久，瑪麗安又問：「放射治療是怎樣的治療？」

「放射治療必須非常精準，所以必須在全身麻醉的情況下進行，就是爲了避免丹尼眼睛到處亂動，頭亂動。」

「有後遺症嗎？或是副作用？」口氣擔心而急切。

「在眼睛周圍的骨頭會停止生長，眼球會比較細，在放射治療的部位，比別的小孩更容易得到第二種癌症，此外，得白內障的機率也會增高。」

丹尼需要十四次療程，治療兩週後，情況明顯改善，瑪麗安非常關心病情發展，用各種方法去測試，最常用的方法是把玩具丟到一邊，看丹尼會不會去找。丹尼看到玩具，頭偏一邊，很顯然他用仍有視覺功能的眼睛去看，看到就馬上跑過去，抓起來。當有親戚帶著小孩到家裡，所有的人會坐在客廳不同角落，揮舞手上的衣服、玩具，吸引丹尼的注意。丹尼有時快速跑向其中一人，有時跑到一半，先停住，像是在判斷什麼，然後又慢慢走。有時則是慢慢走向其中一人，停住，又快速跑向另一人。

瑪麗安既高興，又傷心。高興的是丹尼沒有全盲，還是可以看到。傷心的是孩子已經五歲，竟然還要像訓練小狗一樣來訓練他；然而，她眞的很高興，因爲孩子的眼睛一直在進步。

一段日子之後，瑪麗安又帶著丹尼來到溫醫師的門診。丹尼比上次活潑不少，對於溫醫師的逗弄會有些微反應。檢查之後，溫醫師告訴瑪麗安：「經過照射的部位，有百分之九十的機會，可以完全控制。」

瑪麗安一聽，非常激動，當場落淚。這是她一生最大的驚喜，因爲她一直以爲放射治療只是把癌細胞控制住，是「治療」而不是所謂的「治癒」。現在一聽到有治癒的機會，非常高興。當她在小兒腫瘤科醫生那裡一聽到可能要摘除丹尼的眼球，整個人像是被打入地獄。小孩那麼小就得癌症已經夠令她難受的，現在又要失明，更令她心碎。她在放療、化療、眼球摘除三者之間，掙扎很久，也跟先生商量好久，最後決定用化療方式保住眼球。因爲她相信以後醫學進步，一定有方法可以殺掉癌細胞又同時保住眼球。如果一下子決定拿掉眼球，太不捨。

丹尼從頭到尾乖乖坐著，頭低低的，一句話也不說。瑪麗安眼神有點失焦。溫醫師一直凝神望著瑪麗安，應該說，在等瑪麗安自己消化情緒，如果有必要，溫醫師當然也容許她儘量宣洩情緒，然後可以平靜的對談。

回到家，瑪麗安要丹尼先回房間休息，她稍微整理家中，準備做飯。

不久，她丈夫查理回來了，他是房屋仲介員，有時會工作到很晚，今天算是比平時早回家。

查理坐在沙發上，雙手揉著眼睛，顯得很疲憊。這幾天，他就算很晚回家，瑪麗安也會等他，然後送上熱茶或熱毛巾。查理拿毛巾擦臉，有時卻拿著毛巾，看著前方，不知在想什麼，一個人坐在客廳很久。茶都涼了。

「我今天帶丹尼回診，溫醫師說丹尼恢復得還不錯。」

查理又開始發呆，他心情糟透了，工作上的業績壓力，孩子生病的壓力，壓得他快崩潰了，但他一直忍著，沒有對瑪麗安發脾氣，也沒有抱怨。可是，不說一句話的查理，更讓瑪麗安擔心，她柔聲說道：「我們需要談一談。」

「我不想談。」查理直接閉上眼睛，頭靠在沙發上。

「所以我們才更需要談談。」

「不用了，我現在眞的不想談。」

「如果我們現在不開始說話，有一天我們會從無話不談變成無話可談。」

「那也好，因爲我根本不想談。我剛剛說，不——想——談，妳哪個字聽不懂？」

「很好，我們就來談談你爲何不想談。」

查理眉頭皺得更緊了，用不悅的語氣：「妳讓我開始頭痛。」

「我父母結婚五十年，五十年來他們從不停止交談。」

「妳說這些做什麼？這對家裡的情形有幫助嗎？」他開始有點不耐煩。

「無論話題是什麼，至少他們沒有停止交談，買菜、停車、慢跑、流浪狗，所有你能想到和你想不到的話題，大大小小的事，都是話題。對他們來說，日子並不好過，但他們試著讓一切看起來輕鬆容易。」

「謝謝妳提醒我日子不好過。」他的語氣已經由不耐煩轉爲諷刺了。「現在不談，很容易，下次不談，更容易，一次比一次容易，有一天，你會發現無話可說。」

查理眞的無話可說了，不用等到「以後」。

瑪麗安坐到查理身邊，右手拉著查理的左手，慢慢地說：「我今天去醫院，也跟社工談了一下。她說癌症的治療過程相當漫長，影響的不僅是病童的身心健康，更擴及整個家庭。她提到一些互助會，最主要的目的，是希望能給予病童更完善的服務、讓家屬們交流心得，互相鼓勵，而醫師也可從旁提供諮詢，來幫助病童對抗癌症。」

查理又是一陣很長的沉默，嘆了一口氣，好像是想到什麼，右手輕拍瑪麗安的肩：「一切都會好的，會好的，妳不用怕。」

「我沒有。」

「我知道。我怕。」

「我知道。」瑪麗亞一臉迷惘，孩子得癌症之後，小小年紀還不熟悉生命，就必須面對死亡。丈夫看似平靜堅強的外表下，其實是對失去摯愛的深層懼怕。

一個月後，再度回診。溫醫師仔細檢查，丹尼對光有反應。瑪麗安耐心地看著溫醫師緩慢又仔細的檢查。溫醫師再鼓勵她：「兒童癌症的治癒率比大人高，至少有一半甚至三分之二的癌症病童都可擺脫病魔糾纏，健康長大。我最近認識另一個媽媽，當初在得知孩子罹患白血病時，第一個反應就是驚慌大哭。但在陪伴孩子進出醫院治療的一年多來，她閱讀癌症相關資訊，自我調整心態，所幸她的孩子得的是標準型淋巴性白血病，治癒率可達百分之七十到八十，在經歷了一百二十八週的療程，如今已進入維持期，情況都算穩定。」

瑪麗安沉默無語，直到今天，她雖已全然接受，但一個人的時候，她還是希望這一切都不是真的。

沒有人能獨自抵抗這一切，靜止的媽媽一如靜止的觀音，時間不會停止，只是靜止。對癌症患者或家屬來說，是一個更安詳、更寧靜的世界。

窗外陽光，斜角射入，似乎預告生命從此沒有神祕，不再驚喜，那陽光的角度傾斜了虛擬與眞實的天秤，天秤的一端是公平，另一端是不公平。

並不是一切都可以維持穩定。小孩得到癌症，父母疲於奔命，化療、放療、手術、住院，一整個療程，有時需要好幾個月。常常有一方必須放棄事業。如果夫妻原本感情不是很好，往往因爲小孩子癌症，造成分離。大災難降臨，後面還有小災難，一連串的，苦難有時看來沒完沒了。

但這對夫婦還不錯，感情堅強，互相扶持，爲了丹尼，也爲了全家未來的幸福。以前查理和瑪麗安總覺得，要等到丹尼長大，不知還要多久，不知還有多遙遠；現在，他們忽然覺得，所謂那個遙遠的未來，其實沒那麼遙遠，很快就到了，因爲一旦家人得了癌症，時間變快，一切都變快了。

在丹尼的療程期間，查理一個人打點生活起居，默默承受一切。查理和瑪麗安本來都在上班，丹尼生病之後，瑪麗安只好放棄工作，全心全意照顧他。他們住的地方離醫院開車要兩個多鐘頭，來回一次要五個小時。夫妻決定，由瑪麗安把丹尼帶到距離醫院一小時車程的娘家，便於接送。過去的三週，夫妻暫時分居了，在瑪麗安精神上最需要支持的時候，查理無法陪在她身邊。直到療程告一段落，一家人才又團聚。

「還是有復發可能。」溫醫師依然不忘提醒，「癌細胞有可能轉移到腦部或骨頭，但是因爲已經接受化學治療，所以機會變小。」

身爲一位腫瘤科醫師，溫醫師當然很清楚，癌細胞會不斷擴散的。英文稱癌症爲 cancer，源出於古希臘，是由 crab（螃蟹）這個字衍生而來。這大概是因爲癌細胞如同螃蟹橫行霸道、到處轉移、任意破壞、腐蝕生命的特性。

瑪麗安連要問什麼都忘記，時間結冰，時間融化，希望再度燃起。孩子得癌症，不是她的選擇，可是她可以選擇怎麼面對。

瑪麗安很讓人感動。她三十六歲，因爲照顧生病的丹尼，發願修護理系學分，希望能取得護士資格，以後可以照顧別人。丹尼原本因腫瘤而可能摘除的眼球看見了光亮，瑪麗安和查理則看見希望，看見未來。

這也使溫醫師回憶起，有一天在醫院等電梯，旁邊站著一位穿義工制服、英俊高大的男性黑人，溫醫師問他：「你要到哪一樓？」他說要到十一樓。溫醫師說那是小兒科，他說：「對啊！我要到小兒加護病房當義工。我是早產兒，二十七週就出生，當時只有一千八百公克，在這家醫院的小兒新生加護病房住了五個月才出院，我現在長大了，就回來當義工。」

「能救人的，不只是醫生。愛使我們眞正生活，而透過生活，我們在愛中成長。」溫醫師一直這麼堅信著。

11. 作家

母親的偉大在於她的四種身份：
她是新生生命的給予者，
她是成長生命的教育者，
她是受傷生命的守護者，
她是殞落生命的延續者。

早上十一點，琳達來到門診，陪她前來的是她的摯友愛倫。愛倫是當地一家電台下午時段的主播，體格壯碩，和瘦小的琳達形成強烈的對比。

溫醫師一進診間，看到琳達坐在角落，瘦小安靜，貌不驚人，說話聲音很好聽，但是看起來有點頹喪，心想她需要很多心理上的支持。

多年的臨床經驗，溫醫師知道如果病人的心緒處於極度失望、低潮的狀態，解釋再多再詳細治療的計畫、治療期間、其後的注意事項，病人是聽不進去的，於是先問：「琳達，妳還好嗎？看起來有點苦惱。」

緊張，不安，沮喪，憂鬱全寫在琳達臉上，她立刻反問：「如果你知道你得了胰臟癌，你不會苦惱嗎？」語氣明顯不悅。

「看情況。」溫醫師早就習慣，應該說是非常習慣病人或家屬極不友善的詰問。

琳達用比剛剛更苦惱、更大的聲音說：「我知道胰臟癌，這種癌是最難發現、死得最快的一種。發現時已經很晚期了，而且更慘的是，治癒率非常低，存活率只有九到十二個月，我當然失望。胰臟癌是所有癌症存活率最低的，對不對？」

溫醫師收起輕鬆的表情：「很多人對癌症都有很不正確的觀點，對存活率更是有著錯誤認識。所謂存活率九至十二個月，是一半的存活率。意思是有一半的病人會在九至十二個月之間過世。但爲什麼不看另一半呢？另外一半的病人，會存活超過九至十二個月。」

「哼，說得倒輕鬆，得癌症的又不是你。」琳達似乎更生氣了。

一直坐在旁邊、不發一語的愛倫忽然看了溫醫師一眼，溫醫師向愛倫微一點頭，又恢復了輕鬆，繼續說：「時間只是單位，可長可短，有相對性。以六十年來說，放到歷史裡，小得不得了，但如果妳硬是自認可以活八十歲的話，六十年就太快了。假設存活率是六個月，那只是幫人理解時間的數字概念。可是對當下正在講話的我們三個人而言，六個月一點意義都沒有。因爲我們眞正能夠擁有的只有當下，生命的意義在於我每一個時刻是不是過得很充實、很愉快，到我走的時候，我就心滿意足了。」

琳達與愛倫一直聽著，想提問卻又不知從何問起，想反駁卻又覺得有點道理。溫醫師順著琳達的思路走，開始幫她分析失望的原因是哪裡來，爲什麼生命忽然縮短會讓她如此扼腕，讓琳達自己慢慢想，然後自己講出痛苦、害怕未來的原因，漸漸釋放情緒。

就在溫醫師順著琳達的思路走，開始幫她分析，琳達討價還價式的反覆辯論時，愛倫也沒閒著，她一直做筆記，對溫醫師將佛學結合醫學，感到不可思議；講四聖諦，談六波羅密，又覺得耳目一新，聞所未聞；最後當溫醫師以腫瘤科醫師獨有觀點、特別深刻的生命經驗說明活在當下的正確意義，愛倫更是振筆直書，手不曾停。過程中，常有疑問，不禁搔頭皺眉；想要插話，卻往往找不到空隙。最後終於歡喜讚嘆，微笑收筆。

結束對話，安排琳達下一次回診時間。

溫醫師這時才猛然想到，從頭到尾竟然沒問到她的病情！都在談佛學、談生死、談解脫。一般來說，溫醫師會跟病人說明放射治療過程，可能出現的副作用和後遺症、相關注意事項，但整個談話過程談的是怎樣讓自己活得更好；面對最困苦的環境，怎樣讓自己得到最適當的調適。

琳達是如此聰明的病人，事實上，她在來見溫醫師之前，已經對自己的病情非常清楚，她的男朋友是放射診斷科的醫師，跟她在一起很久，經由男朋友的專業知識，她自己非常了解病情。

二年多前，琳達斷斷續續感到腹痛。一開始不以為意，後來越來越頻繁，她不得已，只好檢查。做了超音波、電腦斷層，結果在胰臟頂端發現一個腫塊，立刻做切片——竟然是胰臟癌。

是第三期，首要工作是照會外科醫師。醫院剛好有一位世界知名的肝臟手術專家，他一看磁振造影的結果就判定：「腫瘤已經侵犯到上腹腔動脈，不宜切除。」

既然不能切除，只好做化學治療或放射治療，或同時進行；然而，近幾年有一種趨勢，癌症患者先試著做化療，看能不能把腫瘤縮小一點，以便外科醫師動手術切除。

經過內科、腫瘤科醫師診斷之後，二〇〇三年十月十日，琳達開始了第一次的化療。她一共要經過四期化療，當然，過程中少不了常見的副作用：嘔吐，噁心，拉肚子，腹痛，全身倦怠。

化療後，琳達的腫瘤指數下降，顯示化療有效。一般做法是，化療後會再做一次電腦斷層，再請外科醫師評估是否能開刀。外科醫師仔細檢查之後，殘酷宣判：「還是無法開刀。」

不能開刀，只好放療加化療，雙管齊下。二〇〇四年二月，琳達的藥換成 5-FU 以促進療效；也就在這時候，溫醫師認識了琳達。

琳達依約第二次回診，執行六週療程計畫。因爲她還年輕，才四十幾歲，而且發病前身體狀況不錯，所以溫醫師打算給她稍微高一點的放射治療劑量。當然，天下無絕對之事，高劑量意味著把健康器官一併照壞的風險也增加了，但是，更能控制癌細胞。有時候，這一點點冒險是值得的。

治療一直很順利，到了第三週，有一天治療結束，琳達說：「溫醫師，我有把我們之間的互動寫成小文章，刊在報紙專欄上。」說著說著，拿出報紙。

原來琳達爲邁阿密當地一家滿大的報紙寫專欄，每星期一篇，專欄第一篇始於二〇〇二年十月二十七日，內容是激勵悲觀的人，她期待沮喪的人看了專欄後會得到勇氣與力量，對自己feeling good，她就是這樣的專欄作家。

溫醫師看了，眞是嚇一跳：原來她是專欄作家！回想起來，不禁覺得自己有點可笑：「第一次面對琳達時，我竟然班門弄斧，還勸她，原來她是專門勸別人的行家。」

此時，溫醫師不禁有很深的感觸，身在山中不見雲，自己在絕望時所表現出來的情緒，可能自己不覺得，但旁人一看就知道。這就是爲什麼第一次見到的琳達，完全是被癌症擊倒的人，完全不像是幫助他人提升生命能量的人。

身爲一位專欄作家，用文字勸人，所以琳達的思維、邏輯、組織能力一定都很強。然而，平時再怎麼擅長激勵人心，碰到自己得癌症，除了拚命告訴自己正面思考，還有一大部分是自己看不到也不知如何振作的部分。也正是因爲如此，琳達對溫醫師講的一些佛學結合醫學的東西，極有興趣，體認很深。所以她很喜歡找溫醫師聊天，也把對話過程、心得，寫成她的當週專欄。

琳達生病之後，還是維持一週一篇，從未中斷。即便住院，照寫不誤。就算經過化療放療、飽受藥物副作用的痛苦，也咬牙強忍，不曾停筆。只有三次請別人捉刀代筆：有一次是她口述，她男朋友幫她寫；另一次是她口述，她媽媽泰瑞莎執筆；還有一次是她姪女寫。她毅力之強，求生意志之堅，由此可見。

很快的，放射治療結束，溫醫師跟琳達的互動，也從醫生與病人，轉換到醫生與朋友的關係，什麼都可以聊。溫醫師才更了解這位病人作家。

原來，琳達年輕時想當電影明星。她的聲音極好聽，學過芭蕾，身段極佳。擅長聲樂、歌唱、表演，是一位眞正的藝術工作者。琳達在好萊塢演過幾個小角色，可惜一直沒出頭。後來遇到第一任男友，合資開了複合式餐館，客人可以一邊享受美食，一邊看表演。餐館也的確風光過一陣子。分手後，琳達回到邁阿密，跟父母同住。她爸爸是律師，晚年得了老年癡呆症。泰瑞莎的辛苦，可想而知，要照顧老年癡呆症丈夫，又要照顧癌症的女兒。溫醫師曾不斷打電話給泰瑞莎，化解她心中的糾結。琳達還是有脾氣，重症患者情緒一來，那眞不是一般常人可以忍受的。但是，泰瑞莎默默忍住了一切，默默承受了一切。

琳達生病後，更激發出她的生命鬥志。生病之後，無法上班，乾脆不上，自己開公司。她聲音很好聽，於是她想：可以幫人做電話錄音。如果某公司要推銷產品，有很好的女性聲音，當然有加分效果；或是幫大公司錄下客服人員的聲音。她成立的公司，生意還眞不錯，訂單源源不絕。

經過六週的治療後，做電腦斷層攝影，癌細胞還是滿大的。再一次會診外科，醫師搖搖頭，一樣的答案：「這個情形不能開刀。」

琳達當然很失望。事實上，她的腫瘤指數已經降到正常值。失望也沒辦法，只好繼續化療。

就這樣平安無事，過了一年多。

一年多之後，腫瘤指數又升高，持續放療，化療也從未間斷，再做電腦斷層攝影結果，癌細胞還是很大。

「怎麼辦？」琳達再強的意志也垮了。

「要用高劑量，也是高危險的治療方法。但第二次復發，治療困難度更高了。因爲壞的細胞更冥頑不靈，對化學藥物已經產生抗藥性。而放療，除非用同樣的劑量，否則腫瘤還是會繼續長；可是，用同樣的劑量，會把好的組織一併照壞。」溫醫師繼續鼓勵，心中則盤算，該是用一些特殊治療方法的時候了。

討論結果，決定用 Cyberknife，也就是電腦刀。此刀非實體之刀，而是利用來自四面八方的放射源，經電腦3D立體定位，進行小範圍的照射。不僅平均劑量低，誤差小，也可幫助放射線集中治療的部位，對病灶周邊正常組織的傷害可降至最低，且幾無副作用，更可減少放射線引發的不適。

決定之後，開始做治療計畫。電腦刀治療完，的確控制住腫瘤了。沒想到，一陣子後，腫瘤指數又攀升。只好用另一種化療。這次用三種藥物，抑制癌細胞。結果三種藥物一下去，琳達承受非常大的副作用，最後住院、吊點滴、靜養。

因爲化療帶來很多副作用：噁心，想吐，胃口不好，琳達的身體越來越差，她跟溫醫師討論以大麻減輕痛苦的問題。所幸美國聯邦藥物食品管理局通過，可以開一種藥，marinol。此藥主要成分是大麻，病人吃了之後，可減緩嘔吐症狀。

後來就是靠marinol，讓琳達不會一直那麼難受。與此同時，溫醫師介紹琳達新觀念：「與癌共生」。此觀念源自日本一位禪師，他得肝癌，可是還有很多計畫沒有實現，於是他創了一種與癌共生的觀念。溫醫師是腫瘤科醫師，把別人的理論和經驗加以消化、推衍，用自己認爲更適合癌症病患的方式來說給病人聽：「我們知道癌細胞很難消滅，可是如果我們讓現存的好的細胞活得更好，那些不好的細胞，雖然它們拚命吃養分、跟好的細胞搶地盤，可如果我們把好的養分，儘量供應給好的細胞，癌細胞得到的養分就減少，沒營養的癌細胞當然難以存活。

「得癌症，已經沒有其他治療方法的時候，可以做的，就是這件事。」溫醫師持續鼓勵：「絕不要躺在那裡不動。躺著不動，好的細胞不但沒有活動力，癌細胞得到的養分更多。有了這種概念，可藉由打坐、練氣功、太極拳、瑜伽這類柔軟的運動，讓身心得到充分舒展的運動，是很好的方法。簡單來說，就是把心打開；打開心，人會活得更積極，活得更積極就會走得更遠。」

溫醫師把這些概念介紹給琳達。有一天她跟泰瑞莎來，溫醫師教她們母女「太極氣功」。氣功是結合身心的絕佳運動，一種養氣的方法。原理很容易懂：氣離不開血，於是用意識控制血液循環，目的是讓血液更充沛地循環到周邊組織，活化全身。溫醫師又教她們打坐。先解釋概念，再實際操作，做「小周天」，再做「大周天」。花了一小時。之後，琳達在家有時間就打坐。有時她想到，就會打電話給溫醫師；有時溫醫師想到，也會打電話給琳達。她如果有罣礙，就可以在電話中化解掉。

保持這樣互動，過了一段很長的時間。可惜的是，琳達開始出現疼痛，無法做太極氣功，一做就痛。後來不但更痛，也痛得更頻繁，只好放棄氣功，改以散步。

一直以來，支持琳達的力量，是媽媽，還有三隻小狗。琳達很關心這三隻小狗，人一旦有關心對象，絕對有助減輕自己的痛苦；然而，隨著癌瘤越來越大，琳達已經出現腹水，靠藥物減輕疼痛。但意識不清，漸漸進入彌留狀態。去世前一星期，溫醫師還去她家。

一週後，琳達過世了。

胰臟癌活過一年者，低於百分之二十。琳達從發病到過世，將近三年，不難想像是多麼難得了。

溫醫師也有極深的感觸，爲什麼存活率只有九至十二個月的病人，會多活三倍？那是因爲：

第一，琳達不斷正面積極思考人生。生活態度改變加上溫醫師的觀念輔助，讓她能承受痛苦。

第二，琳達是專欄作家。鼓勵別人，自己也能獲得生命能量。

第三，琳達不盡信「存活率」。她相信自己，用鋼鐵般的毅力把自己撐起來。

第四，琳達讓自己走出去。不封閉，對癌症病人是極重要的。最好跟個性外向的人多互動，她的摯友愛倫，擁有爽朗的笑聲，在電台常常說勵志故事、引用電影台詞、說小笑話，讓節目氣氛很輕鬆；個性也很好，陪伴琳達來看診、運動、逛街購物，是很強大的精神支柱。

琳達來自傳統猶太家庭，猶太人對於葬禮有自己的傳統，很快出殯，之後下葬在一個猶太人公墓。一週內，大家可以去她家跟她父母互動。猶太人認爲，人在結束人間生命之後，回到上帝身邊；而留在人間的，另有一套方法獲得內心的平靜。

琳達的媽媽非常疼愛這個女兒，頓失依靠，家裡只剩三隻小狗，還有老年癡呆的丈夫。三隻小狗養了十五年以上，琳達去世後一個月左右，死了一隻，過了半年，又死了一隻。每一次小狗死，悲傷的母親想起女兒之逝，觸景傷情，更加悲痛。但整個過程她都非常堅強，沒有靠抗憂鬱的藥物。

泰瑞莎決定完成女兒生前的心願，把生前專欄收集起來，校對、整理，出書紀念女兒。她花了一年，與琳達生前摯友愛倫，共同整理這本書。過程中，她們一直找人寫序，溫醫師當然在受託之列。溫醫師在序裡把自己跟琳達互動的點點滴滴，簡要述說。二〇〇七年五月二十日，琳達的書終於出版了。書名叫 *Feeling Good*（感覺眞好）。新書發表會，溫馨感人。

溫醫師跟泰瑞莎還保持聯絡。她有兩個兒子，大兒子的女兒，和外婆非常親，琳達姑姑超級疼愛的，有一次專欄就是這位姪女代筆。二兒子未婚，四十多歲，大學副校長。溫醫師常開玩笑說：「我幫你留意適合的對象。」泰瑞莎聽了很高興，他本人更是有一份期待。

琳達能活這麼久，打破胰臟癌存活率僅九至十二個月的魔咒，她的母親泰瑞莎是無名英雄，最大功臣。母親眞是了不起：新生生命的給予者，成長生命的教育者，受傷生命的守護者，殞落生命的延續者。專欄最後一篇，就是泰瑞莎執筆，把自己的心境、女兒罹癌後的心路歷程、對女兒的懷念，寫得相當感人，收錄在琳達遺著的最後一篇。

12. 探友

原來我所看到的只是樹的外顯之形。樹的生命之相並非我所看到的樹幹樹枝，生命是蘊含其中，源源不絕，生生不息，不知始於何時何處，亦不知其所終。每一刻，它都以不同的面貌呈現。

溫醫師和妻子朱蒂目前居住於邁阿密，客廳裡還掛著昱和得獎的那幅畫，每次看到那幅畫，就會想到昱和帶給他們的回憶。每年夏天，他們都會從佛羅里達州的邁阿密回到愛荷華州珊瑚鎮的墓園，陪昱和一陣子。

朱蒂說：「昱和對我來說，就像一位朋友，我很懷念這個朋友。」

一九九七年，也就是昱和走了一年之後，昱和心愛的盆栽也凋謝了，但盆子留著，枯枝還在，就在溫醫師書桌前。一個冬天的早晨，溫醫師獨坐在書房，往窗外看過去，院子裡的樹，葉子全掉光了，只剩樹幹與樹枝，心中一個念頭一閃而過：這些樹雖然外表看起來都差不多，但不知其中哪一棵樹，生命已經結束了？因爲每年春天一到，不是每棵樹都發新葉，總有兩、三棵樹不再新生而遭砍伐。望著窗外的樹枝，大同小異，外型雖似，難辨生死。溫醫師當下領悟：「原來我所看到的只是樹的外顯之形。樹的生命之相並非我所看到的樹幹樹枝，生命是蘊含其中，源源不絕，生生不息，不知始於何時何處，亦不知其所終。每一刻，它都以不同的面貌呈現。」

溫醫師又想：「《金剛經》云：『見相非相，即見如來。』原來，生命的『相』就僅僅是我即眼所見。那又何須執著？因爲生命將繼續不斷，流向未來。仍活著的生命，雖時序不同，外貌亦殊，但死去的仍以它最終的形式呈現，彷彿生命永無終止。」

以樹悟人，溫醫師進一步想：「我自嬰兒出生，小孩，青少年，青年，中年，壯年，老年，每一個都曾經是我的生命，但每一個都不是眞正的我，我的存在只有現在這個我，過去的我已經不存在，未來的我尚未呈現。」於是再自問：「我的生命始於何時？出生的剎那？胎兒心臟或大腦成形時？精卵結合開始分裂時？還是那隱含於跳動的精蟲、與母體內打開心扉接納精蟲的卵子之中？」又自問：「我死亡以後呢？我的生命將會以何種形式呈現？我的形體消失，但存留在人們心中的我，使我的生命彷彿經由轉換，不斷延續。」

想著想著，好像昱和也有生命似地回到溫醫師的身邊。

溫醫師常常在夜深人靜，靜靜地看著書桌前的盆栽，小主人已經不在，但盆子與枯枝俱存。一剎那間，溫醫師體悟：「雖然昱和走了，但以另一種形式，留在人間，留在我們心中。」

溫醫師的病人很多都是過一段時間就離開人世。有的家屬在一段日子後，回來看溫醫師，彷彿來探望朋友，表達感謝。再度面對這些家屬，溫醫師都用這種心情跟家屬們解釋：「是的，他（她）永遠在那裡，永遠在我們心中。」

他（她）永遠在那裡，永遠在我們心中。

延伸閱讀

*《死亡教我的歌：一個癌症家族的故事》（2009），伊麗莎白・布萊恩（Elizabeth Bryan），立緒。

*《在你穿上白袍之前：醫生媽媽給兒子的10封信》（2009），佩莉・柯來斯（Perri Klass），天下文化。

*《疾病的隱喻》（2008），蘇珊・桑塔格（Susan Sontag, 1933-2004），大田。

*《醫學院沒教的一課》（2008），傑若・古柏曼（Jerome Groopman, M.D.），天下文化。

*《最後期末考：一個外科醫師對生死課題的省思》（2008），Pauline W. Chen（陳葆琳），大塊文化。

*《安寧伴行》（2007），趙可式，天下文化。
*《醫師與生死》（2007），趙可式，寶瓶文化。
*《癌症患者諮商手冊》（2007），Mary Burton & Maggie Watson，心理出版。
*《癌症病房的 102 天：陳永綺醫師陪醫師爸爸抗癌手記》（2007），陳永綺，新自然主義。
*《微笑，跟世界說再見》（2007），彼得・巴頓（Peter Barton）、羅倫斯・山姆斯（Laurence Shames），心靈工坊。
*《最後十四堂星期二的課（二版）》（2006），米奇・艾爾邦（Mitch Albom），大塊文化。
*《醫者的容顏》（2006），于劍興，原水。
*《話語、雙手與藥：醫者的人性關懷》（2006），賴其萬，張老師文化。
*《希望，戰勝病痛的故事》（2005），傑若・古柏曼（Jerome Groopman, M.D.），天下文化。

＊《時間等候區：醫生與病人的希望之旅》（2003），傑若・古柏曼（Jerome Groopman, M. D.），心靈工坊。

＊《愛的功課：治療師、病人及家屬的故事》（2003），蘇珊・麥克丹尼爾（Susan H. McDaniel）等，心靈工坊。

＊《癌症告知的藝術》（2001），和信治癌中心醫院，天下雜誌。

＊《病床邊的溫柔》（2001），范丹伯（J. H. van den Berg），心靈工坊。

＊《人生的轉機：癌症的身心自療法》（1996），Lawrence LeShan, Ph.D.，方智。

＊《癌症邊緣》（1994），作者：羅伯・布洛迪（Robert Brody），智庫。

親愛的，怎麼說你才懂

作者—瑪麗安・雷嘉多博士、蘿拉・塔克
譯者—魯宓　定價—260元

爲什麼男人老是記不住，女人總是忘不了？爲什麼女人一心想要溝通，男人卻只要結論？唯有充分理解男女有別的生理差異，我們才能用彼此的語言，讓親愛的另一半聽進心坎裡。

愛他，也要愛自己

【女人必備的七種愛情智慧】
作者—貝芙莉・英格爾
譯者—楊淑智　定價—320元

本書探討女性與異性交往時，如何犧牲自己的主體性，錯失追求成長的機會。作者累積多年從事女性和家庭諮商的經驗，多角度探討問題的根源。

終於學會愛自己

【一位婚姻專家的離婚手記】
作者—王瑞琪　定價—250元

知名的婚姻諮商專家王瑞琪，藉由忠實記錄自己的失婚經驗，讓有同樣經歷的讀者，能藉由她的故事，得到經驗的分享與共鳴。

漫步在海邊

作者—瓊・安德森　定價—260元

獨居鱈角一年間，作者意外邂逅了一位忘年之交——瓊・艾瑞克森。她不僅爲作者困滯的中年生活開啓了重要篇章，更帶領她開拓自我、如實接受生命變化。

與愛對話

作者—伊芙・可索夫斯基・賽菊寇
譯者—陳佳伶　定價—320元

作者以特異的寫作風格——結合對話、詩和治療師的筆記——探索對致命疾病的反應、與男同志友人的親密情誼、性幻想的冒險場域，以及她投入佛教思想的恩典。

太太的歷史

作者—瑪莉蓮・亞隆
譯者—何穎怡　定價—480元

這本西方女性與婚姻的概論史淋漓盡致呈現平凡女性的聲音，作者瑪莉蓮・亞隆博覽古今，記錄婚姻的演化史，讓我們了解其歷經的集體變遷，以及妻子角色的轉變過程，是本旁徵博引但可口易讀的書。

那些動物教我的事

【寵物的療癒力量】
作者—馬提・貝克、德娜麗・摩頓
譯者—廖婉如　定價—380元

美國知名獸醫馬提・貝克醫師以自身患病經驗、周遭的眞實故事及大量科學研究，說明寵物與人類間特殊的情感，是人們對抗疾病與憂鬱的強大利器！

動物生死書

作者—杜白　定價—260元

杜白醫師希望藉由本書幫助讀者，藉由同伴動物這些小眾生的助力，讓我們能穿越老病死苦的迷障，開啓智慧，將善緣化爲成長的助力，爲彼此的生命加分。

陪牠到最後

【動物的臨終關懷】
作者—麗塔・雷諾斯
譯者—廖婉如　定價—260元

愛是永不離棄的許諾。愛我們的動物朋友，就要陪牠到最後！

時間等候區

【醫生與病人的希望之旅】
作者—傑若・古柏曼
譯者—鄧伯宸　定價—320元

當疾病來襲，我們進入異於日常生活的「時間等候區」，這時，活著既是生命的延續，也是死亡的進行。當生命與死亡兩者互爲觀照、刺激與啓發時，讓人以更誠實的態度面對生命。

醫院裡的危機時刻

【醫療與倫理的對話】
作者—李察・詹納
譯者—蔡錚雲、龔卓軍　定價—300元

透過眞實故事，作者細膩生動地描繪了病患、家屬與醫護人員，在面對疾病考驗及醫療決策的倫理難題，藉由不斷的對談與互動，將問題釐清，找出彼此的價值觀與適當的醫療處置。

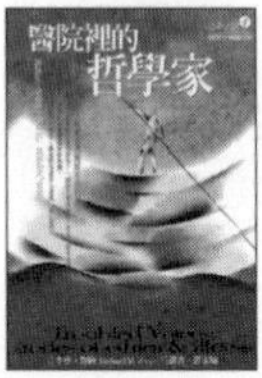

醫院裡的哲學家

作者—李察・詹納
譯者—譚家瑜　定價—260元

作者不僅在書中爲哲學、倫理學、醫學做了最佳詮釋，還帶領讀者親臨醫療現場，實地目睹多位病患必須痛苦面對的醫療難題。

心靈工坊 PsyGarden

生命長河，如夢如風，
猶如一段逆向的歷程
一個掙扎的故事，一種反差的存在，
留下探索的紀錄與軌跡

Caring

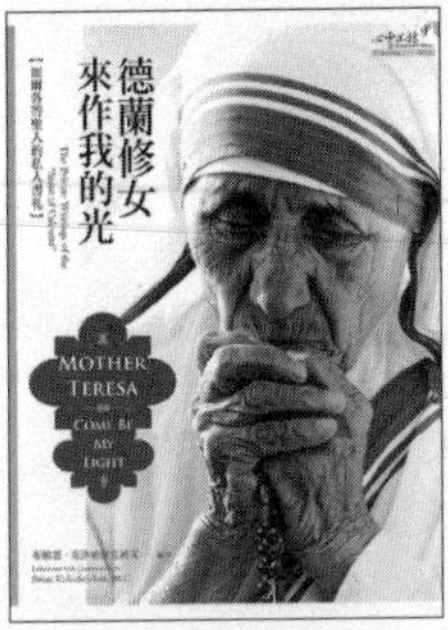

德蘭修女
【來作我的光】
編著—布賴恩．克洛迪舒克神父
譯者—駱香潔　定價—420元

德蘭（德蕾莎）修女畢生為赤貧之人奉獻，成為超越宗教的慈悲象徵。然而，她的精神生活與掙扎卻鮮為人知。本書所收集的文件與信件，幫助我們進入德蘭修女的內在生活，深入了解她的聖德。

美麗人生練習本
【通往成功的100堂課】
作者—恰克．史匹桑諾
譯者—吳品瑜　定價—250元

恰克博士認為態度造就人生的方向，心靈則是成功的居所，他提供一百則成功心理術，藉由原理、故事與練習幫助讀者向內尋找成功，打造專屬自己的美麗人生。

幸福企業的十五堂課
作者—恰克．史匹桑諾
譯者—王嘉蘭　定價—280元

知見心理學創始人恰克博士，集結三十五年研究成果與豐富企業諮商經驗，以實用法則與案例，搭配知見心理學的成長配方，逐步分析成功歷程的困境與陷阱。

以愛之名，我願意
【開啓親密關係的五把鑰匙】
作者—大衛．里秋
譯者—廖婉如　定價—350元

本書整理出愛最鮮明的五個面向：關注、接納、欣賞、情意、包容，並帶領讀者藉由本書提供的豐富演習機會，一同來體會：生命就是愛的旅程，而且在愛中我們將變得成熟。

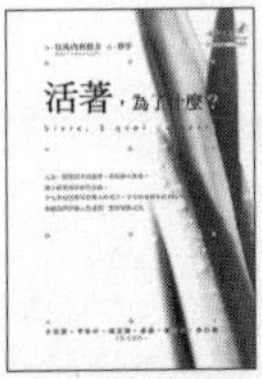

活著，為了什麼？
作者—以馬內利修女
譯者—華宇　定價—220元

法國最受敬重的女性宗教領袖以馬內利修女，以自身將近一世紀的追尋旅程，眞誠地告訴我們：幸福的祕密不在物質或精神之中，唯有愛的行動，生命才能完整展現。

遇見100%的愛
作者—約翰．威爾伍德
譯者—雷叔雲　定價—280元

想要遇見100%的愛情，向他人索求只是徒然；完美的愛不在外，而在內。與內在靈性連結，認識到自己值得被愛、生命值得信任，才能眞正敞開心，讓愛進來。

貧窮的富裕
作者—以馬內利修女
譯者—華宇　定價—250元

現年95歲的以馬內利修女，是法國最受敬重的女性宗教領袖。她花了一生的時間服務窮人，跟不公義的世界對抗。本書是她從個人親身經驗出發的思考，文字簡單動人卻充滿智慧和力量，澆灌著現代人最深層的心靈。

幸福，從心開始
【活出夢想的十大指南】
作者—栗原英彰、栗原弘美
譯者—詹慕如　定價—250元

每個人內心都有一個指南針，引導我們走向充滿愛、信賴、喜悅及豐足的未來。當我們勇於夢想，有自覺地做出選擇，朝向心中願景前進，幸福的奇蹟就將誕生！

微笑，跟世界說再見
作者—羅倫斯．山姆斯、彼得．巴頓
譯者—詹碧雲　定價—260元

企業家彼得．巴頓，四十五歲退休，預計多陪陪家人、與人分享創業經驗。就在這時，醫生宣佈他罹患癌症。不過他說「幸好我有時間從容準備，好好跟世界道別。」

馴夫講座
【幸福婚姻的七堂課】
作者—栗原弘美
譯者—趙怡、楊奕屏　定價—250元

輔導過上千對夫妻的栗原弘美，結合了知見心理學及親身歷程，為渴望擁有幸福婚姻的讀者撰寫本書。若你願意踏出改變的第一步，就能讓伴侶關係充滿奇蹟！

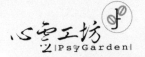

破牆而出
【我與自閉症、亞斯伯格症共處的日子】
作者—史帝芬．蕭爾
譯者—丁凡　定價—280元

本書不只是作者的自傳，也呈現了作者對亞斯伯格症和肯納症的了解，以及這些疾患對他的影響，並且他是如何用他的知識來協助其他的泛肯納症患者。

肯納園，一個愛與夢想的故事
作者—財團法人肯納自閉症基金會、瞿欣
定價—280元

肯納園的信念是「他們雖然特殊，但不表示他們沒有幸福的權利！」透過結合教育、醫療、職訓、養護和社福的多元模式，肯納園為許多家庭播下希望種子。

慢飛天使
【我與舒安的二十年早療歲月】
作者—林美瑗　定價—260元

每個孩子都是天使，雖然有飛不動的，有殘缺的，但痴心父母依然伸出堅定的大手，恆久守候。本書描述一個無法飛翔的天使，與她的痴心守護者的動人故事。

希望陪妳長大
【一個愛滋爸爸的心願】
作者—鄭鴻　定價—180元

這是一位愛滋爸爸，因為擔心無法陪伴女兒長大，而寫給女兒的書……

我埋在土裡的種子
【一位教師的深情記事】
作者—林翠華　定價—350元

東海岸的國中校園裡，她以文學、詩歌和繪畫，輕輕澆灌孩子的心靈。或許，在某個不經意的時節，將有美麗的花朵迎風盛開……

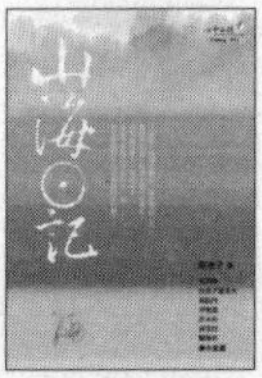

山海日記
作者—黃憲宇　定價—260元

台大心理畢業的替代役男，選擇來到東海岸，當起中輟生的輔導教官。陽光大男孩vs.山海部落的純真孩子們，翻開書頁你會聽見他們共譜的山海歌聲！

空間就是性別
作者—畢恆達　定價—260元

本書是環境心理學家畢恆達繼《空間就是權力》後推出的新作，是他長年針對台灣性別與空間的觀察，探討人們習以為常的生活背後，所運行的性別機制。

空間就是權力
作者—畢恆達　定價—320元

空間是身體的延伸、自我認同的象徵，更是社會文化與政治權力的角力場。

親愛的爸媽，我是同志
編者—台灣同志諮詢熱線協會
定價—260元

本書讓父母及子女能有機會看見其他家庭面對同性戀這個課題的生命經驗。或許關於出櫃，每位子女或父母當下仍承受著痛苦與不解，但在閱讀這本書的同時，我們希望彼此都能有多一點體諒與同理心。

揚起彩虹旗
【我的同志運動經驗 1990-2001】
主編—莊慧秋　作者—張娟芬、許佑生等
定價—320元

本書邀請近三十位長期關心、參與同志運動的人士，一起回看曾經努力走過的足跡。這是非常珍貴的一段回憶，也是給下一個十年的同志運動，一份不可不看的備忘錄。

瓦礫中的小樹之歌
【921失依孩子的故事】
編著—兒福聯盟基金會、陳斐翡
贊助—ING安泰人壽　定價—250元

這是兒福聯盟的社工們，在過去六年來，透過定期訪視，陪伴地震後失依孩子們成長的珍貴記錄。在書中，可以看見孩子們的堅強、扶養家庭的辛苦，及年輕社工員們的反省與思索。

染色的青春
【十個色情工作少女的故事】
編著—婦女救援基金會、纓花
定價—200元

本書呈現十位色情工作少女的真實故事，仔細聆聽，你會發現她們未被呵護的傷痛，對愛濃烈的渴望與需求，透過她們，我們能進一步思索家庭、學校、社會的總總危機與改善之道。

心靈工坊 PsyGarden

Caring 057

醫生

Doctor

作者—王竹語

出版者—心靈工坊文化事業股份有限公司
發行人—王浩威　諮詢顧問召集人—余德慧
總編輯—王桂花　執行編輯—周旻君
通訊地址—106 台北市信義路四段 53 巷 8 號 2 樓
郵政劃撥—19546215　戶名—心靈工坊文化事業股份有限公司
電話—02）2702-9186　傳真—02）2702-9286
Email—service@psygarden.com.tw　網址—www.psygarden.com.tw

製版・印刷—彩峰造藝印象股份有限公司
總經銷—大和書報圖書股份有限公司
電話—02）8990-2588　傳真—02）2990-1658
通訊地址—242 台北縣新莊市五工五路 2 號（五股工業區）
初版一刷—2009 年 10 月　ISBN—978-986-6782-68-8　定價—250 元

國家圖書館出版品預行編目資料

醫生 / 王竹語著. -- 初版. --
臺北市：心靈工坊文化, 2009 [民 98]
面　；公分. --（Caring；057）

ISBN 978-986-6782-68-8（平裝）

1. 生死學　2.文集

197.07　98015853

心靈工坊 PsyGarden 書香家族 讀友卡

感謝您購買心靈工坊的叢書，爲了加強對您的服務，請您詳填本卡，
直接投入郵筒（免貼郵票）或傳真，我們會珍視您的意見，
並提供您最新的活動訊息，共同以書會友，追求身心靈的創意與成長。

書系編號—CA057 書名—醫生

姓名 是否已加入書香家族？ □是 □現在加入

電話 (O) (H) 手機

E-mail 生日 年 月 日

地址 □□□

服務機構 職稱

您的性別—□1.女 □2.男 □3.其他

婚姻狀況—□1.未婚 □2.已婚 □3.離婚 □4.不婚 □5.同志 □6.喪偶 □7.分居

請問您如何得知這本書？

□1.書店 □2.報章雜誌 □3.廣播電視 □4.親友推介 □5.心靈工坊書訊
□6.廣告DM □7.心靈工坊網站 □8.其他網路媒體 □9.其他

您購買本書的方式？

□1.書店 □2.劃撥郵購 □3.團體訂購 □4.網路訂購 □5.其他

您對本書的意見？

□ 封面設計 1.須再改進 2.尚可 3.滿意 4.非常滿意
□ 版面編排 1.須再改進 2.尚可 3.滿意 4.非常滿意
□ 內容 1.須再改進 2.尚可 3.滿意 4.非常滿意
□ 文筆／翻譯 1.須再改進 2.尚可 3.滿意 4.非常滿意
□ 價格 1.須再改進 2.尚可 3.滿意 4.非常滿意

您對我們有何建議？

▲您的意見，我們將轉貼在心靈工坊網站上，www.psygarden.com.tw

廣告回信
台北郵政登記證
台北廣字第1143號
免貼郵票

心靈工坊 PsyGarden

10684台北市信義路四段53巷8號2樓

讀者服務組　收

免貼郵票

（對折線）

加入心靈工坊書香家族會員
共享知識的盛宴，成長的喜悅

請寄回這張回函卡（免貼郵票），

您就成爲心靈工坊的書香家族會員，您將可以——

⊙隨時收到新書出版和活動訊息

⊙獲得各項回饋和優惠方案

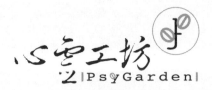